A Aventura do Dinheiro

Oscar Pilagallo

A Aventura do Dinheiro

Uma Crônica da História Milenar da Moeda

PUBLIFOLHA

Coordenação Editorial
Publifolha
Assistência Editorial
Thiago Blumenthal
Coordenação de Produção Gráfica
Soraia Pauli Scarpa
Assistência de Produção Gráfica
Mariana Metidieri
Projeto Gráfico e Editoração Eletrônica
Rita da Costa Aguiar
Revisão
Agência de Letras

Créditos da 1ª Edição
Edição
Gabriel Tranjan Neto
Revisão
Márcio Guimarães de Araújo

Imagem de Capa
© Hulton-Deutsch Collection/ CORBIS

Dados Internacionais de Catalogação na Publicação (CIP)
(Câmara Brasileira do Livro, SP, Brasil)

Pilagallo, Oscar
A aventura do dinheiro : uma crônica da história milenar da moeda / Oscar Pilagallo. - São Paulo : Publifolha, 2009.

Bibliografia.
ISBN 978-85-7914-037-2 (Bolso)

1. Dinheiro 2. Moeda - História I. Título.

09-01916 CDD-332.49

Índice para catálogo sistemático:
1. Dinheiro : História : Economia 332.49
2. Moeda : História : Economia 332.49

A grafia deste livro segue as regras do **Novo Acordo Ortográfico da Língua Portuguesa.**

PUBLIFOLHA
Divisão de Publicações do Grupo Folha
Al. Barão de Limeira, 401, 6º andar
CEP 01202-900, São Paulo, SP
Tel.: (11) 3224-2186/2187/2197
www.publifolha.com.br

Estou certo que ninguém aqui
veio imaginando que eu tenha por acaso
descoberto um meio novo e seguro de
ganhar dinheiro, e que abnegadamente
esteja disposto a comunicá-lo aos
meus contemporâneos.
Olavo Bilac

Não me amarra dinheiro não,
mas a cultura.
Caetano Veloso

Qualquer moeda é, a rigor, um
repertório de futuros possíveis.
Jorge Luis Borges

Sumário

Prefácio

Quando Oscar Pilagallo me perguntou se eu aceitaria fazer o prefácio para este livro, aceitei na hora, movido pelo respeito que tenho por um profissional de primeira qualidade. Mas, no íntimo, confesso que pensei: "Pronto, agora me toca ler um livro técnico sobre um assunto chato e que ainda por cima não combina comigo" (eu e o dinheiro sempre nos demos mal).

Surpresa, que o leitor certamente desvendará nas páginas seguintes: a história do dinheiro, pelo menos da forma como foi contada por Pilagallo, não é nem técnica nem chata, bem ao contrário. Trata-se, como diz o subtítulo, de uma crônica. Por isso mesmo, não é um tratado enciclopédico sobre dinheiro, embora contenha uma formidável quantidade de informações.

A graça da crônica está nas inúmeras associações que Pilagallo faz entre dinheiro e uma porção de coisas que os mortais comuns jamais associariam a ele. Para começar, associa dinheiro e a palavra. Parecem duas coisas sem o menor parentesco e, de certa forma, até antagônicas, na medida em que o dinheiro é expressão física do carnal e, a palavra, do espírito. No entanto, o livro ensina que ambas, palavra e dinheiro, dependem de consenso e só circulam onde são conhecidas.

Se já é uma ousadia comparar palavra e dinheiro, muito leitor se indignará com a comparação entre dinheiro e Deus. Citando o filósofo alemão Georg Simmel, Pilagallo escreve que "a essência da noção divina é que todas as diversidades e contradições do mundo se reconciliam e encontram unidade em Deus. Pois o mesmo ocorre com o dinheiro".

Surpresas como essas pontuam o livro todo. Vale a pena, pois, mergulhar nesta aventura, mesmo para aqueles que desprezam o dinheiro. Ou encontrarão motivos para reforçar o desprezo ou, ao contrário, para mudar de ideia.

Clóvis Rossi

Agradecimentos

A Otavio Frias Filho, diretor de Redação da *Folha*, pelo período sabático em que escrevi este livro.

A Alceu Amoroso Lima Filho, Ana Cândida Costa (Editora Musa), Ana Regina Pinheiro (Patrimônio Histórico do Banespa), Antonio Paulo Carreta (Banco de Dados da *Folha*), Josélia Aguiar (*Folha*), Julio Flavio Correia Marinho (Biblioteca da Fundação Getúlio Vargas), Márcio Peter de Souza Leite (Escola Brasileira de Psicanálise), Marlene Henrique Mendonça (Biblioteca do Banespa) e Nilson Oliveira (Instituto Fernand Braudel de Economia Mundial). Todos contribuíram para que eu tivesse acesso a material de consulta e livros fora de circulação.

A Cláudio Solano, que me mandou de Londres boa parte da bibliografia básica sobre dinheiro.

A José Antonio Arantes, pelas muitas e valiosas sugestões sobre o texto.

A Denise Mattar, curadora da Galeria de Valores, exposição permanente do Centro Cultural Banco do Brasil do Rio de Janeiro, cuja sala "A Aventura do Dinheiro", com mais de 400 cédulas e moedas, é baseada neste livro.

A meus pais, Norma Vitale Pilagallo e Oscar Pilagallo, pelo estímulo na empreitada (o débito com meu pai, como se vê, se estende até ao nome que lhe tomei emprestado desde que, morando em Londres, deixei de lado o "Filho" que consta da certidão de nascimento, facilitando assim a vida dos ingleses, que não entendiam por que eu não era, como pronunciavam, "Mr. Fil-rou").

À minha mulher, Beatriz Alessi, primeira leitora, pelas preciosas observações que me levaram a reescrever trechos inteiros do livro. À minha filha, Sofia, pela paciência (a paciência possível aos cinco anos) com que me esperava terminar as longas jornadas entre livros e o computador. Espero que, leitora futura, ela encontre nesta história alguma compensação pelas histórias que eu, enquanto escrevia, deixei de lhe contar.

E a Gabriel Tranjan Neto, meu editor e amigo, pelo carinho que dedicou a este trabalho. Não tive tempo de lhe agradecer suficientemente. Gabriel morreu horas antes de uma reunião em que faríamos a revisão final. Devo-lhe muito mais do que ele, em sua generosidade, admitiria. Agora, ao reler frases do livro, às vezes me pergunto se são minhas ou dele, dúvida que logo se dissolve: são nossas.

Para Beatriz

1. Papai, o Que É Dinheiro?

O cristianismo e o judaísmo têm suas respostas;
a psicanálise, a literatura e a filosofia também

"O que é dinheiro?" O pai repete devagar a pergunta abrupta, sem qualquer introdução ao assunto, como costumam ser as perguntas das crianças. Sua entonação é a de quem tenta avaliar até onde vai o interesse do garoto. "Dinheiro?", certifica-se de novo, ganhando tempo para dar uma resposta que não fique aquém nem vá além da curiosidade do filho.

— É, o que é dinheiro, pai? — confirma o moleque.

O pai, um magnata, não quer dar uma resposta qualquer ao herdeiro. Reflete. Acha por bem evitar conceitos; não, nada de sistemas monetários, mercados de capitais, meios de pagamento, taxas de câmbio, juros. Muito indigesto. Começa a falar em ouro, prata, cobre, mas logo simplifica referindo-se a moedinhas, dessas que a gente carrega no bolso. Isso é dinheiro.

— Ah, isso eu sei. Não é isso que estou perguntando. O que eu quero saber é o que é dinheiro, pai, de verdade.

O pai é o senhor Dombey, personagem-título do romance *Dombey and Son*, do inglês Charles Dickens, publicado em meados do século 19. Quando a história começa, Dombey é rico e orgulhoso; perto do fim, está falido e humilhado. Descreve assim trajetória oposta à do autor, que conheceu a miséria na infância e tornou-se milionário, um dos poucos escritores até sua época a amealhar fortuna com a atividade literária. Aos 12 anos, Dickens viu-se obrigado a trabalhar numa fábrica, onde etiquetava latas de graxa, depois que o pai foi condenado e preso por não pagar dívidas. Com o pouco que ganhava, ajudava nas despesas da família, a mãe e sete irmãos. A experiência marca-o profundamente e servirá de matéria-prima para um de seus romances mais conhecidos, *David Copperfield*, em que faz amarga referência ao "pai pródigo". Escritor popular da Era Vitoriana na Inglaterra — a própria rainha Vitória era sua leitora —, Dickens publicou quinze livros e, ao morrer, deixou herança equivalente, em dinheiro de hoje, a 10 milhões de dólares. Como experimentou os dois extremos da vida material, Dickens tinha toda a autoridade para falar sobre dinheiro. Mais tarde, veremos se livrará Dombey do apuro em que o meteu com o filho. Por enquanto, mais importante para esta história é a pergunta: afinal, o que é mesmo dinheiro?

Dinheiro é uma metáfora, ou seja, uma coisa que significa outra coisa. Não se costuma definir dinheiro nesses termos, mas, quando distanciamos o olhar daqueles familiares pedaços de papel desprovidos de valor intrínseco, a abordagem faz todo sentido, torna-se óbvia até, tão óbvia que provavelmente foi intuída pelo pirralho do senhor Dombey, ou ele não teria ficado insatisfeito com a primeira resposta. Não, dinheiro não é apenas moeda, cédula, cheque, ouro, título, saldo no banco. Essas são algumas formas de representá-lo (houve muitas ao longo da história, algumas mais originais e criativas, como se verá neste capítulo). Dinheiro mesmo é aquilo que ele pode comprar; aquilo que custou ganhá-lo. "Um poema nos pede para acreditar que represente um rouxinol ou um corvo; uma moeda nos pede para acreditar que represente um saco de trigo ou algumas horas de trabalho", compara Kevin Jackson, autor do *The Oxford Book of Money*, compilação da prosa e da poesia sobre o dinheiro.

Palavras e moedas têm algo em comum: dependem de consenso e só circulam onde são conhecidas. Uma moeda de valor ignorado é tão inútil quanto uma palavra de sentido obscuro. Jackson leva mais longe os pontos em comum entre moeda e palavra ao notar que ambas correm o risco de ser desvalorizadas: a primeira pela inflação, a última pelo clichê. O valor de uma e o sentido da outra não são naturais nem absolutos, mas sociais e relativos, decorrentes de um processo de aceitação generalizada pelo uso e costume. De outro modo, teríamos moedas e palavras particulares, o que é uma ideia descabida; se não fazem sentido para a sociedade, simplesmente inexistem, ponto. A ideia de que o dinheiro resulta de convenções sociais é tão antiga que está presente na própria etimologia da palavra que significa "moeda cunhada": numisma, que vem do grego *nômisma* e não por acaso tem a mesma raiz do termo que designa lei, *nomos*. "O dinheiro tem esse nome porque existe não por natureza, mas pela lei, e porque está em nosso poder mudá-lo ou torná-lo inútil", escreveu Aristóteles em *Ética a Nicômacos*, livro dedicado ao filho e discípulo.

A própria noção do dinheiro pressupõe civilização, premissa cujo inverso também pode ser demonstrado: as civilizações costumam depender da existência de dinheiro, qualquer que seja sua representação. "O dinheiro é uma vasta metáfora social", afirmava o teórico das comunicações Marshall McLuhan, em texto da década de 60. Para o pensador canadense, o dinheiro é a linguagem que permite traduzir o trabalho de um agricultor no de um barbeiro, médico ou encanador, o que reforça os laços de interdependência numa comunidade. Nesse sentido, trata-se de um meio de troca ou de pagamento, definição que, com essa terminologia mais técnica, tem abrigo garantido em qualquer introdução à economia. Mas o dinheiro é mais do que isso.

Para estender a analogia já estabelecida entre os campos monetário e literário, pode-se dizer, com o historiador inglês Edward Gibbon, que as moedas, criadas para indicar valor, e as letras, criadas para expressar ideias, acabaram contribuindo para multiplicar, cada uma a seu modo, os objetos que foram designadas para representar. Cunhe-se uma boa frase, e ela enriquecerá a língua; cunhe-se uma boa moeda, e ela enriquecerá a sociedade. O dinheiro não é, portanto, apenas um artigo de conveniência, uma medida comum para todas as mercadorias, mas também um gerador de riqueza, um elemento que potencializa a capacidade dos homens de produzir bens. Com papel tão central nas civilizações, é natural que, desde sempre, ele tenha polarizado opiniões, tenha sido venerado e estigmatizado, tenha promovido atração e repulsa.Repulsa? Bem, como chamar a atitude de glorificação da pobreza que muitas doutrinas religiosas incorporaram e transmitem aos fiéis como meio de obter a elevação espiritual? É o caso do cristianismo, para ficar no exemplo mais próximo. Costuma-se citar a Bíblia como fonte do conceito de que o dinheiro é a raiz de todos os males. Justiça seja feita: não confere.

Abra a Bíblia na primeira epístola de São Paulo a Timóteo: ela se refere não ao dinheiro, mas ao *amor* ao dinheiro. Ainda assim, em várias outras passagens é patente o antagonismo à posse de bens materiais, como no popular vaticínio: "É mais fácil um camelo entrar pelo buraco de uma agulha do que um rico entrar no Reino de Deus". Para a Igreja Católica, a questão é mesmo de incompatibilidade. Dois evangelhos, o de Lucas e o de Mateus, não deixam dúvida quanto ao recado: "Ninguém pode servir a dois senhores. Vocês não podem servir a Deus e ao Dinheiro". Numa nota mais leve, Alexander Pope, poeta e satirista inglês do século 18, que era católico, ajuda a compor a imagem negativa dos ricos: "Percebemos o pequeno valor que Deus dá às riquezas pelas pessoas a quem Ele as entrega".

Os religiosos não estão sozinhos na implicância com o dinheiro. Na falta do povo, que gosta de luxo, ficam na companhia de intelectuais que gostam de miséria, e quem explica a opção dos últimos não é o carnavalesco Joãosinho Trinta, a quem se atribui a famosa tirada, mas La Rochefoucauld, fino escritor francês do século 17, conhecido pelo ceticismo em relação aos sentimentos desinteressados e à pureza das virtudes. Para ele, "o desprezo por riquezas entre filósofos esconde o desejo de vingança contra a injustiça do Destino, que não lhes reconheceu o mérito; por isso desprezam as vantagens de que ele os privou". Relida à luz dessa observação, a mordacidade de Pope poderia até soar como ressentimento de intelectual despeitado, não fosse ele próprio um homem de posses.

A frequente agressividade da mentalidade religiosa em relação à riqueza pode ser resultado de insuspeitadas semelhanças que emergem da comparação entre os dois senhores a que a Bíblia alude. Nesse caso, haveria um elemento de rivalidade entre um deus espiritual e um deus secular na disputa pela conquista das almas. O argumento, formulado com elegância pelo filósofo alemão Georg Simmel, é sedutor. "O dinheiro em sua forma psicológica possui importante relação com a noção de Deus, uma relação que apenas a psicologia, que tem o privilégio de ser incapaz de cometer blasfêmia, pode revelar", afirma ele no livro *A Filosofia do Dinheiro*. A essência da noção divina, continua Simmel, é que todas as diversidades e contradições do mundo se reconciliam e encontram unidade em Deus. Pois o mesmo ocorre com o dinheiro: "Por ser a expressão absoluta de qualquer medida e o equivalente de todos os valores, o dinheiro paira em altitudes abstratas, acima de toda a diversidade de objetos; torna-se o centro no qual as coisas mais opostas e distantes encontram um denominador comum que as aproxima". Bebendo nessa mesma fonte, o sociólogo Nigel Dodd, da Universidade de Glasgow, na Escócia, conclui, no livro *A Sociologia do Dinheiro*, que a onipotência do dinheiro em relação a outros valores desperta sentimentos psicologicamente análogos ao da veneração a Deus.

A relação entre o divino e o monetário se dá também no campo dos símbolos. Há muito mais em comum entre seus maiores emblemas — a hóstia e a moeda — do que supõem sacerdotes e economistas. O paralelo entre os ícones sagrado e mundano é traçado por Marc Shell, professor de literatura na Universidade de Harvard (EUA) e autor do livro *Art and Money*. Para começar, a hóstia e a moeda têm o mesmo formato e são fabricadas de maneira semelhante, prensadas entre chapas de metal. Além disso, ambas ostentam insígnias: um número e um busto ou motivo nacional num caso; no outro, o monograma IHS (de *Iesus Hominum Salvator*, Jesus, o Salvador). Mais importante, elas têm um caráter ambivalente. A hóstia, uma vez consagrada, não apenas simboliza o corpo de Cristo; ela é o corpo de Cristo. A moeda, uma vez cunhada, não apenas simboliza uma quantia monetária; vale como mercadoria. Por fim, hóstia e moeda dependem de uma crença absoluta: se determinada comunidade duvidar que elas têm o valor que lhes é atribuído, então serão reduzidas apenas à condição física de trigo e metal. A simples lembrança dessas similitudes incomoda cristãos que não querem ver o sacramento da eucaristia associado à representação da riqueza material. Mas o fato de a hóstia ter uma natureza numismática foi notado, entre outros, por Nicolau de Cusa, influente pensador católico alemão do século 15, que, dono de uma curiosidade renascentista, observou a semelhança entre os processos de trabalhar a pasta de farinha e a barra de metal.

A interseção das esferas laica e eclesiástica é antiga. Imagens sagradas povoam moedas desde o Império Romano (como se mostrará no próximo capítulo) e ainda hoje uma inscrição de cunho religioso está estampada na moeda mais importante do mundo, o dólar americano. O mote *In God We Trust* (Em Deus Confiamos) foi banido no início do século 20 pelo presidente Theodore Roosevelt, para quem aquilo beirava perigosamente o sacrilégio, mas acabou reintroduzido mais tarde, para tranquilidade da corrente que temia que a ausência da tradicional divisa causasse uma desvalorização sentimental da moeda.

Mas isso nos Estados Unidos, onde é forte a influência protestante, que valoriza a ambição material. No mundo dominado pelo catolicismo, em que se vê essa aspiração como inibidora da ascese espiritual, prevalece o antagonismo ao dinheiro, que tende a se acentuar exatamente quando ele se apresenta no estado de maior pureza abstrata, ou seja, na forma de juros. A condenação à usura, cuja história será contada no terceiro capítulo, mostra isso. A censura aos juros costuma extrapolar os limites do argumento econômico e é tão mais contundente quanto mais próxima estiver daquele ponto em que a boa intenção e o desconhecimento de causa cruzam caminho. É ilustrativo o caso do poeta norte-americano Ezra Pound, figura-chave da vanguarda literária, que, em pleno século 20, aprovava o catolicismo medieval por condenar a usura. Um dos *Cantos*, seu poema mais conhecido, começa assim: "Com usura nenhum homem tem casa de boa pedra, / blocos lisos e certos / que o desenho possa cobrir, / com usura / nenhum homem tem um paraíso / pintado na parede de sua igreja". O poeta Augusto de Campos, um dos tradutores, reconhece, na introdução, que a abordagem econômica de Pound é geralmente confusa. Suas ideias, baseadas numa doutrina obscura chamada crédito social — uma proposta de rearranjar o capital sem introduzir o socialismo —, eram partilhadas por outro influente poeta, o anglo-americano T. S. Eliot, autor de *A Terra Desolada*, poema que Pound ajudou a transformar num marco do modernismo. "É provável que a teoria tenha sensibilizado Eliot por ter sido concebida com base em uma compreensão moral, e não econômica, da natureza do dinheiro", afirma o escritor inglês Peter Ackroyd, em sua biografia do poeta.

Eliot nunca fez grande alarde de suas convicções econômicas. Já Pound, em transmissões de rádio na Itália fascista durante a Segunda Guerra Mundial, criticou abertamente os banqueiros judeus por controlarem todo o dinheiro do mundo. Não é preciso ser antissemita, no entanto, para perceber a estreita relação que os judeus têm com o dinheiro; eles próprios, aliás, são os primeiros a registrá-la, com o devido sinal verde dado pelo judaísmo. "Os rabinos não compartilhavam da postura cristã de que o dinheiro não poderia criar riqueza, como podem as árvores, o gado ou a terra", afirma Nilton Bonder, rabino da Congregação Judaica do Brasil, no livro *A Cabala do Dinheiro*. O que se condena é o juro que, de tão elevado, criaria um "dinheiro irreal", ou seja, em maior quantidade do que o produzido pelo ritmo médio de enriquecimento dos outros geradores de riquezas.

Mais que o dinheiro e os juros, no entanto, é o ouro a representação da riqueza mais associada à ganância. A ligação vem de longe. Na mitologia grega, a história mais conhecida é a do rei Midas. Em recompensa por um serviço prestado ao deus Dioniso, Midas vê atendido seu desejo de transformar em ouro tudo o que tocasse. A ambição quase o leva a morrer de inanição, pois não podia encostar nos alimentos sem fazê-los virar metal. O deus livra-o do dom funesto e, daí em diante, o rei passa a odiar a riqueza e o esplendor. Menos conhecida, mas mais divertida, é a história *A Nova Califórnia*, em que Lima Barreto descreve a súbita transformação da pacata Tubiacanga depois da chegada de um forasteiro que anuncia ter o poder de transformar osso em ouro.

Dele dizia-se que "tinha parte com o tinhoso", a clássica aproximação entre o ouro e o mal, o demônio. Ninguém o leva a sério, claro, mas, na dúvida, a população saqueia o cemitério da cidade profanando sepulturas e, como os cadáveres são insuficientes, as pessoas matam-se umas às outras. No fundo, o ganancioso corre atrás da riqueza por pura incompetência, por desconhecer melhor maneira de dar sentido à vida, como sugeria, no século passado, o filósofo alemão Friedrich Nietzsche: "Apenas um homem de intelecto deveria ter propriedade: caso contrário a propriedade é perigosa para a comunidade. Porque o dono, sem saber fazer uso do ócio que as posses lhe proporcionam, continuará a empenhar-se para obter mais propriedade. Esse esforço será sua ocupação, sua estratégia no combate ao tédio".

A posse literal ou metafórica do ouro, além de provocar ganância, pode despertar a avareza e estimular a aspiração ao poder; e, também nesses casos, são as alegorias dos artistas, e não as explicações dos teóricos, que povoam o imaginário popular relativo ao, como se diz, vil metal. Em *O Anel dos Nibelungos*, ópera do alemão Richard Wagner, um anão repulsivo chamado Alberich rouba o ouro escondido no rio Reno, que confere poder ilimitado a quem dele tiver o suficiente para fazer um anel, desde que renuncie para sempre ao amor, condição prontamente aceita. Poderoso, Alberich escraviza os anões da raça nibelungo, obrigando-os a cavar ouro. Sua fortuna, no entanto, lhe é tomada por um deus, que a oferece a dois gigantes, em troca de abrirem mão de receber a cunhada do rei dos deuses em pagamento pela construção de um castelo. Alberich perde tudo, mas lança sobre quem ficar com o anel e o ouro a maldição que mais tarde se concretiza. Até as inocentes donzelas que se descuidaram da guarda do ouro sob as águas do rio acabam punidas no final.

Se a fome de poder produz vítimas inocentes, a avareza costuma castigar apenas o próprio avaro. Veja-se o caso de Harpagão, personagem principal da peça *O Avarento*, de Molière. Rico e mesquinho, enterra moedas de ouro no jardim de sua casa, esconde a fortuna dos próprios filhos, de quem desconfia, e assim, com sua atitude, destrói laços familiares e a própria dignidade, um final triste, ainda que suavizado pelo registro de comédia do século 17.

Enterrar tesouro é a manifestação mais explícita da avareza. A literatura brasileira tem em Vitória, a servente de Luís da Silva, narrador de *Angústia*, de Graciliano Ramos, um arquétipo desse tipo primitivo de sovinice. Vitória excita-se quando se aproxima o recebimento do ordenado "e faz cálculos que não acabam, cálculos inúteis, porque não gasta nada". O narrador percebe que, com frequência, desaparecem as "frações de pecúnia" que deixa espalhadas pela casa. "As faltas coincidem com uma grande excitação da velha. Recomeçam as fugas para o quintal. Vendo-lhe o cocó bambeante entre as folhas de alface, sei perfeitamente que ela está enterrando o dinheiro." Há ainda o avarento que encontra prazer no contato físico com o dinheiro, e nenhuma imagem ilustra melhor essa volúpia do que a do Tio Patinhas nadando na piscina de riquezas em seu prédio em forma de cofre. Fora de Patópolis, na vida real, há registros de comportamentos semelhantes, como na Roma do início da era cristã, onde o imperador Calígula tinha o estranho hábito, entre vários outros, de andar descalço e rolar sobre pilhas de moedas de ouro, "tomado pelo desejo invencível de sentir o dinheiro", como escreveu Suetônio, um de seus primeiros biógrafos.

Esse amor ao dinheiro tem uma conexão simbólica, estabelecida pela psicanálise freudiana, com a prisão de ventre. São, para começar, dois casos de retenção: de riquezas no primeiro caso; de fezes, no segundo. O que um tem a ver com o outro? Freud explica. "O interesse erótico original na defecação está, como sabemos, destinado a ser extinto anos mais tarde. Durante esses anos, o interesse pelo dinheiro surge como um interesse novo, que não existia na infância. Isso facilita que a pulsão anterior, que está perdendo seu propósito, seja transferida para um novo propósito emergente." Ou seja, o excremento, o dinheiro e a neurose obsessiva estão intimamente ligados. Para Sigmund Freud, "os pacientes que obtêm prazer retendo suas fezes exibem de modo típico os traços de caráter relacionados a ordem, parcimônia e obstinação. Juntos, esses traços são, por assim dizer, as sublimações do erotismo anal", escreve o alemão Peter Gay, biógrafo do Pai da Psicanálise. A hipótese de Freud, formulada no início do século, é reforçada pela tradicional associação entre ouro e excremento em várias tradições culturais. "É possível que o contraste entre a substância mais preciosa conhecida pelo homem e a mais desprezível tenha levado à específica identificação do ouro com fezes", arrisca ele. Talvez não por acaso, em todo o mundo o símbolo mais popular de poupança é um porco, cuja imagem próspera está associada à imundície e à voracidade. Sem entrar no mérito da psicanálise, o economista inglês John Maynard Keynes, um dos mais influentes do século 20, condena a avareza nestes termos: "O amor ao dinheiro como posse —

em oposição ao amor ao dinheiro como meio de desfrutar e enfrentar a vida — será reconhecido pelo que é, uma morbidez repugnante, uma dessas propensões meio criminosas, meio patológicas, que devem ser encaminhadas a especialistas em doenças mentais".

É tão forte a carga negativa da avareza que há quem veja aspectos positivos em seu avesso. Octavio Paz, em *O Labirinto da Solidão*, afirma que "esbanjar é um esforço para atrair abundância por contágio. O desperdício atrai ou promove a riqueza e é um investimento como outro qualquer, exceto que o retorno não pode ser medido ou contado". O poeta e escritor mexicano circunscreve essa opinião a um contexto específico, a extravagância das festas de celebração. Como conduta para o cotidiano, no entanto, a prodigalidade não costuma encontrar defensores. Em *Timon de Atenas*, Shakespeare faz o personagem que dá título à peça caminhar para um fim amargo depois de dilapidar sua quase infinita fortuna com amigos que lhe retribuíram com ingratidão quando deles precisou. O bondoso Timon transforma-se em rancoroso misantropo. Refugiado em bosques, passa a viver como animal, alimenta-se de raízes. Um dia, cavando a terra à procura de algo para comer, topa com um tesouro enterrado, tão imenso que ele poderia voltar a levar a vida de antes. Mas Timon o utiliza em pagamento a soldados, a quem delega a missão de destruir Atenas e matar seus habitantes.

Prodigalidade e avareza são opostos que se tocam, são fenômenos que têm em comum a percepção do dinheiro como um fim em si mesmo. O perdulário, como o avarento, não tem interesse pelas coisas que o dinheiro pode comprar. A satisfação do pródigo se esgota no momento da compra; o prazer do avaro se limita ao potencial de compra. Nos dois casos, na posse ou no esbanjamento, o dinheiro se dissolve no puro desejo por ele mesmo, como diz Georg Simmel: "O que a avareza exibe na forma de paralisia material, a extravagância revela em fluidez". A identificação desse ponto em comum, no entanto, não iguala o mesquinho ao pródigo perante a sociedade, que os diferencia segundo critérios da tradição aristotélica. Para Aristóteles, as pessoas pródigas são consideradas muito melhores do que as avarentas, pois pelo menos beneficiam outras, enquanto o avarento não beneficia ninguém, nem sequer a si mesmo. O pródigo não é mau-caráter ou ignóbil, mas apenas irrefletido. Além disso, enquanto a prodigalidade "se cura facilmente com a idade e com a pobreza", a avareza, mais arraigada na natureza humana, é incurável. Para o filósofo, o meio-termo ideal em relação ao uso do dinheiro é a liberalidade, entendido liberal como aquele que "gasta de acordo com suas posses e com objetivos certos". Dessa maneira, o uso do dinheiro torna-se extensão da vontade, que pode ser, por exemplo, a de "comprar pequenos sonhos", como diz Fernando Pessoa no *Livro do Desassossego*, referindo-se aos compradores de coisas inúteis. "O dinheiro é belo, porque é uma libertação", diz o poeta português. E muito economista assinaria embaixo.

Não todos, claro. Karl Marx, por exemplo, prefere enfatizar outro aspecto do dinheiro, a que chamava de "rameira da humanidade", usando a expressão de Timon. Escrevendo em meados do século 19, nos primórdios da Revolução Industrial na Inglaterra, quando crianças como Charles Dickens eram forçadas a jornadas de até doze horas nas fábricas, o pensador alemão chegou a uma definição menos poética do dinheiro.

Para o autor de *O Capital*, o dinheiro é a premissa do capitalismo. Uma sociedade em que o dinheiro não circula não pode gerar riqueza social, da qual depende o modo de produção capitalista; a riqueza ficaria estagnada, no máximo trocando de mãos. Uma vez introduzido, o capitalismo pressupõe aumento constante do capital, o que só é possível pela apropriação dos frutos do trabalho pelo capitalista, que paga salários inferiores ao valor do tempo socialmente gasto na produção: a diferença é a famosa mais-valia, da qual depende o lucro, na visão marxista. Sem o dinheiro, tal sistema seria impossível.

"O dinheiro é a essência alienada do trabalho e da existência do homem; essa existência o domina e ele a idolatra", escreveu Marx. O dinheiro é a mercadoria por excelência, pois serve de medida para todas as outras mercadorias, inclusive o trabalho. Pela lógica do capitalismo, como o trabalhador está alienado do produto de seu trabalho, quanto mais trabalho estiver embutido no valor de uma mercadoria, maior será o lucro (porque o salário será relativamente menor e o preço ficará inalterado). Foi para denunciar isso que o francês Paul Lafargue, genro de Marx, escreveu *O Direito à Preguiça*, panfleto de sucesso tanto pela retórica vibrante quanto pelo cálculo camarada do autor, de que a jornada de trabalho deveria ser de três horas por semana, seis meses por ano. Ele provoca o leitor a quem o texto é destinado: "Trabalhem, trabalhem, proletários, para aumentar a riqueza social e suas misérias individuais, trabalhem, trabalhem para que, ficando mais pobres, tenham mais razões para trabalhar e tornarem-se miseráveis. Essa é a lei inexorável da produção capitalista".

O sogro de Lafargue, no entanto, não considerava o dinheiro a raiz de todo o mal, como os que leram distraidamente a Bíblia. Marx o via como manifestação das contradições do capitalismo, e não como sua causa. Por isso, nunca lhe passou pela cabeça abolir o dinheiro, como propuseram seguidores de Pierre-Joseph Proudhon, o socialista libertário francês que lançou as bases do anarquismo, doutrina política que prega a abolição do Estado e defende a construção de uma sociedade onde a relação entre indivíduos seja igualitária. Contemporâneo de Marx, Lafargue e Proudhon, o escritor russo Leon Tolstoi, que, longe de ser marxista, era antes um anarquista cristão, também não via o dinheiro com simpatia. "O dinheiro é a possibilidade ou o direito de explorar o trabalho dos outros. O dinheiro é uma nova forma de escravidão, que difere da antiga apenas por ser impessoal", escreveu o autor de *Guerra e Paz.*

Muito antes dos anarquistas, Shakespeare antecipou, no final do século 16, a perspectiva utópica. "Quando eu for rei, e serei", diz um personagem, "não haverá de existir dinheiro; todos irão comer e beber por minha conta." O personagem, da peça *Henrique VI*, é Jack Cade, mais lembrado por ter concordado com a célebre reivindicação popular de que a primeira coisa a se fazer na sua revolução seria matar todos os advogados. Ao escrever sobre a peça em meados do século 18, Samuel Johnson comentou que essa velha ideia de querer consertar o mundo pela abolição do dinheiro não leva em conta que as disputas por ele provocadas continuarão a existir em sua ausência, causadas pelas próprias riquezas. Poeta, ensaísta e dicionarista inglês, Johnson (para quem "só um imbecil escreve que não seja por dinheiro") mostrou que entendia também de economia ao perceber corretamente que dinheiro não é riqueza, mas apenas sua representação.

Qualquer coisa, por mais improvável, pode desempenhar a função de dinheiro, desde que assim seja considerada pela sociedade em que circular. Historicamente, o metal — na maioria das vezes, o metal precioso na forma de moeda — foi eleito como objeto preferencial para representar riquezas, como se verá no próximo capítulo. Mas nem sempre foi assim. Mesmo muito depois da invenção da moeda, ainda se usava, em sua eventual ausência, o que estivesse mais à mão para substituí-la. Até um artigo ordinário como o prego teria feito as vezes de dinheiro na Escócia da segunda metade do século 18, conta Adam Smith, o Pai da Economia Política. "Ainda hoje, segundo fui informado, existe na Escócia uma aldeia em que não é raro um trabalhador levar pregos em vez de dinheiro, quando vai ao padeiro ou à cervejaria", escreveu em *A Riqueza das Nações*. E os pregos não estão entre as mercadorias mais inconvenientes já usadas como dinheiro.

Imagine a coisa mais estranha e provavelmente ela já terá sido empregada como dinheiro. Manteiga? Foi usada pelos noruegueses, que naturalmente também fizeram circular o bacalhau seco como moeda. Chiclete? Era aceito por soldados durante a Segunda Guerra Mundial. Boi? Também foi dinheiro, na Grécia Antiga. Cigarro, então, é um clássico até hoje em períodos de guerra e dentro de prisões. Em São Paulo, maços de cigarro, aceitos em pagamentos e liquidações de dívidas, ajudavam a dar vitalidade à economia informal do Carandiru, o então maior presídio do Brasil, conta Drauzio

Varella em *Estação Carandiru*. Há uma longa e variada lista de mercadorias que um dia serviram como dinheiro: amêndoas na Índia, milho na Guatemala, arroz no Japão, sal na China (daí "salário"), renas na Sibéria, búfalos em Bornéu, pele de cervo na América colonial (chamada *buck*, que ainda hoje é gíria para dólar), além de plumas, dentes de baleia, conchas, uísque — esses alguns dos artigos, a maioria mencionada pelo antropólogo norte-americano Jack Weatherford no livro *A História do Dinheiro*. "Até mesmo seres humanos serviram como medida monetária", escreve ele. "Na antiga Irlanda, escravas tornaram-se o valor comum em relação ao qual itens como vacas, cabras, terra e casas eram calculados."

Algumas mercadorias tiveram maior relevância como dinheiro em determinadas circunstâncias históricas. A civilização asteca, estabelecida a partir do século 12 na região onde hoje ficam o centro e o sul do México, elegeu as sementes de cacau como a melhor forma de dinheiro: eram abundantes, convenientes para a manipulação, não se deterioravam facilmente e, como muitas formas primitivas de dinheiro, tinham valor intrínseco. Moídas, as sementes se transformam em chocolate, palavra que vem de *chocolatl*, em naua, a língua asteca. Na época, era ingerido como líquido; o primeiro chocolate comestível só surgiria na metade do século 19, na Europa. Segundo o historiador inglês Kenneth Maxwell, em *Chocolate, Piratas e Outros Malandros*, a bebida tinha o aval de guerreiros e da nobreza porque, entre outros motivos, não era alcoólica, característica importante para um povo abstêmio. Antes de serem moídas, as sementes circulavam pelos mercados das cidades, onde eram aceitas em pagamento por tudo o que estivesse à venda.

O sistema baseava-se sobretudo na troca, reservando-se ao cacau principalmente o papel de equiparar o valor das mercadorias negociadas, como diz Weatherford. Para compras maiores, o cacau era acondicionado em sacas com cerca de 24 mil grãos. O sistema vigorou até o início do século 16, quando os conquistadores espanhóis dominaram o Império Asteca.

Um século depois, um pouco mais ao norte, as primeiras colônias inglesas na América repetiriam, com mais sofisticação, a experiência asteca, usando, no lugar do cacau, o fumo. Introduzido no início do século 17, foi moeda corrente nas colônias e, em uma delas, a Virgínia, circulou como meio de pagamento por quase dois séculos, até a Constituição americana colocar a moeda sob a alçada exclusiva do governo federal. O sucesso do fumo deveu-se em parte ao fato de o poder local ter proibido contratos com pagamento em ouro e prata, metais escassos na colônia. Legislação nesse sentido atendeu aos interesses dos próprios plantadores de fumo, que, dessa maneira, se livraram dos credores, que queriam receber em moeda forte. A longevidade do sistema é atribuída aos cuidados que os colonos tinham com a moeda: acordos tratavam de limitar a produção e, dessa maneira, tentavam manter o poder aquisitivo, embora a oferta muito alta em alguns períodos tenha provocado forte inflação. O preço do fumo também servia como taxa de câmbio entre as colônias e Londres. A queda da cotação do produto significava a desvalorização da moeda-fumo em relação à libra esterlina, e vice-versa. "Foi uma manifestação precoce e excepcionalmente elegante do que hoje os especialistas chamam de sistemas de taxas de câmbio flutuantes", avalia o professor John Kenneth Galbraith, no livro *Moeda: de Onde Veio, para Onde Foi*. Tendo o dinheiro chegado a esse nível de abstração, o próximo passo natural do homem seria criar o papel-moeda, assunto do quarto capítulo. Em vez de ouro, o que circula é um papel em que está escrito, e garantido pela autoridade, o quanto vale em ouro. Algo assim:

Saiba o país para os devidos fins:
Este bilhete vale mil florins.
Garante a sua soma real o vulto
Do tesouro imperial no solo oculto.
Dele se extrai logo a riqueza imensa
Com que o valor do papel se compensa.

Os versos são de *Fausto*, poema de Johann Wolfgang von Goethe para ser encenado, que trata do antigo mito que personifica a ambição humana. Goethe dedicou boa parte da gigantesca obra, uma das mais importantes da literatura moderna alemã e universal, à descrição dos poderes de criação e destruição do papel-moeda. Mefistófeles, o personagem que é a encarnação do demônio, toma conhecimento de que o imperador passa por dificuldades financeiras. Comenta como quem não quer nada: "A quem não falta algo? No mundo inteiro / Isto a um, isso a outro. Aqui é o dinheiro". Mas tinha um plano para consegui-lo: antecipar a riqueza do ouro ainda não minerado com a emissão das tais notas. O imperador cede à tentação, para contentamento geral do reino. Mefistófeles observa na alegria de uma dama os efeitos de sua invenção: "Quem perambula a sós pela esplanada / Vê lá a beldade, toda engalanada. / Sorri, com o leque a ocultar meio rosto, / E nos papéis sentido atento posto". O Bobo da Corte, que como sempre tudo percebe, prevê a ameaça da inflação e sugere como evitá-la: limitar a emissão ao que houver de equivalente em bens reais. Não é ouvido, claro, e, quando a previsão finalmente se confirma, há inquietação social e rebelião popular. Goethe sabia do que falava: fora ministro de finanças na Corte de Weimar, no século 19, e, mais importante, suas ideias sobre notas bancárias saíram diretamente das páginas de *A Riqueza das Nações*, que estava então na linha de frente do pensamento econômico.

A alegria efêmera provocada pela abundância do dinheiro fácil não deve ser confundida com felicidade. "A correlação entre riqueza e satisfação é positiva, porém pequena", notou o psicólogo norte-americano Steven Pinker, em *Como a Mente Funciona*. "Ganhadores de loteria, depois de passar a comoção de felicidade, retornam a seu estado emocional anterior." Como disse Freud: "Felicidade é a realização tardia de um desejo pré-histórico. É por isso que a riqueza traz tão pouca felicidade: dinheiro não é um desejo infantil". Crianças podem não desejá-lo, mas a partir de certa idade revelam uma curiosidade, que as acompanha pelo resto da vida, sobre a magia do dinheiro, o fascínio que exerce sobre os adultos, os mecanismos de poder que engendra, enfim, a aventura de sua história.

A pergunta sobre a natureza do dinheiro — "dinheiro mesmo, de verdade" — ainda ressoava na cabeça do senhor Dombey. Então, pegando na mão do menino, disse:

— O dinheiro, meu filho, pode tudo.

O garoto se afasta, incrédulo:

— Tudo, papai?

— Sim, tudo. Quase tudo.

2. A Balança e a Efígie

A moeda vê nascerem a democracia e o bordel;
e tem influência na ascensão e queda de Roma

José, o sonhador, é o filho preferido de Jacó e por isso seus irmãos, inconformados, querem se livrar dele. Tomados por um ódio fratricida, planejam matá-lo e chegam a jogá-lo num poço seco em local ermo. Mudam de ideia, no entanto, ao verem se aproximar uma caravana de mercadores com seus camelos carregados de especiarias. A oportunidade era boa demais para ser desperdiçada: em vez de derramar sangue, poderiam atingir o mesmo objetivo com uma vantagem adicional, vendendo José como escravo. E assim é feito. Concluídas as negociações, recebem vinte moedas de prata e voltam para casa, em Canaã, enquanto o irmão é levado ao Egito.

A história bíblica é bastante conhecida. Está contada no Gênesis, o primeiro dos cinco livros do Antigo Testamento. E contém um erro.

Em verdade, naqueles dias, presumivelmente no início do segundo milênio antes de Cristo, ainda não havia moeda, nem na Palestina, nem em qualquer outro lugar do mundo. Os mercadores pagaram com anéis, lingotes ou barras de prata e, qualquer que tenha sido a forma do metal usado na transação, nada havia nele que indicasse o valor das unidades. Ou seja, o metal era apenas uma forma de dinheiro, já que servia para intermediar uma transação, mas não havia recebido a marca distintiva da moeda. O Departamento de Moedas e Medalhas do Museu Britânico atribui a embrulhada semântica aos tradutores responsáveis pela versão inglesa da Bíblia patrocinada pelo rei Jaime no século 17, considerada, não obstante o lapso, a de melhor qualidade literária naquele idioma. No Brasil, bíblias com o *imprimatur* da Igreja Católica também se referem equivocadamente a moedas ao relatar o episódio da era patriarcal do povo hebreu.

Do ponto de vista bíblico, talvez a observação seja irrelevante, mas para a história monetária é heresia não fazer distinção entre moedas e simples pedaços de metal precioso sem valor predeterminado. De qualquer maneira, é mesmo a partir do Oriente Médio, o lugar culturalmente mais rico da Antiguidade, que o dinheiro se difunde. Para que pudesse desempenhar uma das funções do dinheiro, a de servir como meio de pagamento, o metal precisava ser pesado, não apenas uma vez, mas a cada transação e por ambas as partes — comprador e vendedor tinham cada um sua própria balança, cujos contrapesos não eram necessariamente iguais. Se o metal fosse moeda, não precisaria ser pesado, bastaria contar as unidades.

No romance *José e Seus Irmãos*, o escritor alemão Thomas Mann imagina como o preço teria sido fixado. Foi uma negociação dura, que levou cinco horas, acabando ao anoitecer. Os vendedores pediam trinta peças de prata. Os compradores, em vantagem por terem percebido que os irmãos queriam se livrar de José, ofereciam quinze. E isso significava menos da metade, pois as peças oferecidas pesavam menos que as pretendidas. Embora todas se chamassem siclos, umas eram babilônicas, outras fenícias. Uma confusão! Não é à toa que, na ficção, Mann, prêmio Nobel de Literatura de 1929, reservou um dia inteiro para as partes finalmente fecharem acordo nas tais vinte peças (das mais pesadas).

No aspecto econômico, a ficção é mais fiel à história do que a Bíblia. O siclo a que Mann se refere era a medida básica de peso, mas havia também a mina (60 siclos, usada em transações de vulto, equivalente a mais ou menos meio quilo) e a onça (um terço de siclo, para contas menores). E o que se fazia com essas quantidades de metal? Por 400 siclos, por exemplo, Abraão, o primeiro patriarca dos hebreus, compra, para enterrar sua mulher, Sara, o terreno com a gruta de Macpela, que se transforma no primeiro pedaço de chão dos antepassados de Israel na terra de Canaã. E um exemplo curioso, que diz mais sobre valores sociais da época: na Mesopotâmia, a multa para quem mordesse o nariz de um homem era 1 mina; um tapa no rosto, considerado menos grave, custava 10 siclos. Nesse contexto, repita-se, siclo é medida de peso, não moeda. Mais tarde viria a se tornar denominação de moeda, numa conexão entre os dois sistemas que era e ainda é comum. Para não ir muito longe, a denominação libra esterlina, moeda atual da Grã-Bretanha, deriva de uma medida de peso, a libra, que equivale a cerca de 450 gramas.

As moedas surgem muito, muito depois de José ter sido vendido. A Bíblia não se refere a uma época específica, mas pesquisas arqueológicas situam o fato há quase 4 mil anos. Entre estudiosos, há controvérsia em torno de datas, mas nenhuma das hipóteses mais plausíveis aproxima o tempo da narração bíblica daquele que testemunha o nascimento da moeda. É provável que o hiato entre os dois seja de pelo menos um milênio.

O que já existe na época de José é, isso sim, a concepção de dinheiro. Em geral um metal — a prata com mais frequência, mas também o ouro e o cobre — é usado no comércio, em nome da conveniência. Assim, evita-se o escambo, a troca de mercadoria por mercadoria, prática primitiva e incompatível com a sofisticação econômica da vida urbana. O escambo pressupõe uma dupla coincidência. Não basta haver um comprador qualquer para o meu peixe, é preciso que seja alguém que me pague com o pão de que necessito, condicionante que evidentemente limita muito a possibilidade de comércio.

E a partir de quando esse dinheiro de metal passa a existir? Para fixar um ano redondo, 2500 a.C., data citada pelos historiadores que empurram sua origem para o passado mais distante, o que torna o dinheiro tão antigo quanto as primeiras pirâmides do Egito. Se ampliarmos a definição de dinheiro, retrocederemos um pouco mais, para o quarto milênio antes de Cristo, quando, com a formação das primeiras cidades na Mesopotâmia, o homem passa a pensar em termos de objetos que ajudem a traduzir valores. Antes disso, não havia concentração humana suficiente que justificasse o surgimento dessa ideia abstrata (pois dinheiro é desde o início isto: uma metáfora).

Durante quase dois milênios, o dinheiro não evolui. Podem ter variado as formas em que o metal circulava, de acordo com o período ou a região, mas não houve avanço conceitual. Para viabilizar o comércio, continuava essencial que o metal fosse subdividido e pesado na hora da efetivação de cada negócio. A primeira grande revolução monetária, tão demorada quanto crucial, ocorre apenas no século 7 a.C., no reino da Lídia, um pouco mais ao norte do local em que José fora vendido. Lá, onde hoje fica a Turquia, é inventada a moeda moderna, com todas as características básicas das atuais. Entre os anos 640 a.C. e 630 a.C., o homem chega enfim à cunhagem. Após recortar com o punção rudimentar a borda da primeira moeda ainda quente sobre a estampa em baixo-relevo de sua bigorna, de maneira que a peça originalmente ovalada recebesse gravação em ambas as faces, o artesão a quem a tarefa havia sido confiada provavelmente a contemplou com satisfação pelo resultado, mas decerto não imaginou que, com seu trabalho, seria um dos agentes, ainda que anônimo e involuntário, da guinada sem precedentes da história, não apenas da história monetária, mas da história da própria civilização. Sim, porque, uma vez aceita pela comunidade como meio de pagamento, a moeda padronizada e de fácil manuseio estimulou o comércio, que por sua vez levou à maior especialização do trabalho, num processo que desaguaria na sociedade moderna.

Não fosse essa contribuição à humanidade, o reino da Lídia, pouco mais do que uma cidade-Estado que não chegava a se destacar de outras tantas da região da Anatólia, na Ásia Menor, teria sido relegado a uma nota de rodapé da história. Cunhando a própria moeda, os lídios fazem fortuna rápida e se tornam os novos ricos da Antiguidade. Mas a riqueza, é preciso que fique claro, não resulta diretamente nem das moedas nem do metal de que são feitas, o electro, uma liga natural de ouro e prata abundante em rios e minas locais; ela é acumulada a partir do impulso que a monetização da economia dá ao comércio. O grego Heródoto, o Pai da História, que viveu quase dois séculos depois do surgimento da moeda, escreveu, a partir de relatos, que ali havia sido criado um reino de lojistas; aquele era o primeiro povo a manter estabelecimentos de varejo em bases permanentes. Em tempos em que a riqueza costumava ser acumulada por violentas conquistas militares seguidas de saques, os lídios diferenciaram-se por alcançar a prosperidade pela via pacífica do mercado.

O reino produz não um ou dois tipos de moedas, mas uma verdadeira família monetária, com algumas unidades grandes, de alto poder aquisitivo, e outras bem pequenas, quase minúsculas. A maior pesava 17,2 gramas — quatro vezes mais, por exemplo, do que a moeda brasileira de 1 real feita de aço inoxidável. A menor equivalia à nonagésima-sexta parte da maior, o que indica o amplo leque do sistema monetário. Chamada *stater*, a moeda lídia é reconhecida por todos os contemporâneos pelo peso e o tamanho, que são padronizados pela cor, um amarelo esmaecido, e pelas figuras gravadas: uma cabeça de leão e o sinete ou emblema pessoal do responsável pela emissão, no início algum comerciante abastado, mais tarde o governante.

Encontraram-se exemplares dessas moedas numa expedição arqueológica no início do século 20, em Éfeso, na Turquia, sob as ruínas do célebre Templo de Ártemis, construído por volta de 550 a.C. É sintomático que essa edificação, cujo fausto lhe garantiria um lugar entre as Sete Maravilhas da Antiguidade, tenha sido erguida por um rei da Lídia apenas um século após o surgimento da moeda.

Esse rei, Creso, herda um trono rico e multiplica sua fortuna. Abandona a cunhagem do electro e passa a usar ouro e prata, um segundo lance de pioneirismo na história monetária, e igualmente espetacular a julgar pelo papel dominante desses materiais na história do dinheiro. E não apenas os metais são outros. Sob Creso, a escala da cunhagem e a abrangência geográfica da circulação também são diferentes, muito maiores. Irrigado pela abundância de moeda, o comércio prolifera, produz fartura e, como seria de se esperar, muda comportamentos. Se a prostituição já era antiga, não se pode dizer que Sardes, a capital do reino, tenha inaugurado a história da relação sempre próxima entre sexo e dinheiro, mas essa é considerada a primeira cidade do mundo a ter abrigado um bordel. Heródoto, que costumava viajar com frequência além dos domínios de sua nativa Grécia, recolheu informações sobre "as filhas de gente humilde" da cidade que, após trabalharem em bordéis por determinado período, acumulavam dinheiro suficiente para o dote de casamento, algo que nunca presenciara entre as mulheres de Atenas, onde também havia, como de resto em todo lugar, prostituição.

O dinheiro tudo comprava: maridos para as cortesãs e as mais caras joias para a elite esbanjadora e consumista. Comprava também, às vezes, a sorte. Jogava-se muito nas imediações dos mercados e, não por acaso, os lídios, depois de legar à humanidade a moeda, a loja e o bordel, inventaram também os dados. Mas não foi nem a prodigalidade, nem a concupiscência, nem muito menos o azar o que destruiu a Lídia. Foi a desmedida ambição de seu rei, talvez resultante de uma percepção da realidade distorcida pelo efeito da opulência.

Como tinha tudo, Creso quis mais, nada menos do que a poderosa Pérsia, cujo império se erguia ao Oriente. Não que a Lídia não tivesse feito algumas conquistas, mas Creso, rei de um povo comerciante, não general de guerreiros, contratou um exército de mercenários que de nada lhe valeu. Em 546 a.C., foi esmagado e seu reino varrido do mapa. A moeda inventada pelos lídios, entretanto, nunca mais deixaria de ajudar a escrever, para o bem ou para o mal, a história das civilizações.

Muitos anos antes do fim trágico, Creso teria se encontrado com Sólon, um dos Sete Sábios da Grécia, de quem, diz-se, ouviu o conselho de que dinheiro e poder não significam felicidade. Eram quase vizinhos, ligados pela travessia do mar Egeu, e Creso nutria grande paixão pela cultura grega. Apesar dessas circunstâncias, que podem tê-los aproximado, não há confirmação histórica da conversa, e a observação, se um dia chegou aos ouvidos do rei, foi inútil, como se viu. O que Sólon poderia ter acrescentado, talvez com maior proveito, é que dinheiro às vezes significa democracia, como de fato significou no caso da Grécia, e ele próprio, associado que está ao nascimento desse regime, poderia ter atestado a relação entre o surgimento da moeda e a maior liberdade política.

Sólon é o estadista que, em meados do século 6 a.C., promove as reformas que põem fim ao controle total da aristocracia sobre o governo em Atenas, a cidade-Estado mais importante da Grécia. Até então, só os nobres mandavam e o poder era hereditário. A principal reforma de Sólon foi estender aos cidadãos ricos o direito de exercer cargos públicos. Um recenseamento os agrupou em quatro níveis de renda, e quem tinha mais podia se candidatar às posições mais importantes. Media-se a riqueza pela quantidade de terras, cereais, azeite e vinho, ou o equivalente em moedas, que passaram a ser cunhadas em Atenas em 575 a.C., na mesma época da aprovação das reformas. Não se pode dizer que a democracia tenha resultado da riqueza gerada pela moeda, mas ela certamente não teria sido possível naquela situação se não houvesse emergido uma classe beneficiária da mobilidade social proporcionada pela maior circulação do dinheiro e que, como tal, pressionava por representação política condizente.

Não só os ricos ganham com Sólon. Os pobres adquirem o direito de votar na assembleia e nos tribunais, algo tão revolucionário que, depois dessa experiência historicamente curta, só voltaria a ser realidade dois milênios mais tarde, quando homens sem propriedade passam a eleger representantes na Europa do século 19. Quanto aos escravos, continuam alijados da vida pública, se bem que, depois de Sólon — que também aboliu as leis draconianas, escritas "com sangue" por Drácon no século anterior —, não é mais permitido escravizar camponeses por falta de pagamento de dívidas.

Há até quem estabeleça um vínculo entre o declínio da escravidão e a moeda, uma vez que, na ausência do dinheiro, alguma forma de servidão é praticamente inevitável, enquanto a moeda, se expressar valores compatíveis com a remuneração do trabalho, pode ser usada para pagar salários a homens livres. Era o caso de Atenas, onde um dia de trabalho não especializado custava, em média, 1 dracma. O dracma, cujo nome deriva do verbo grego que significa "pegar", é a base do sistema monetário do mundo helenístico, de moedas facilmente reconhecíveis pela indefectível efígie da coruja, ave associada a Atena, a deusa protetora da cidade. Com 100 dracmas tem-se 1 mina (mesmo nome usado na Mesopotâmia); e 60 minas valem 1 talento, também uma medida de peso.

Apesar de nascido nobre, Sólon não é rico. Tendo trabalhado provavelmente como mercador antes de entrar na política, aplica na vida pública o espírito do mundo dos negócios. É ele quem pela primeira vez cobra a senhoriagem, a taxa que o concessionário da cunhagem paga ao governo, equivalente à diferença entre o valor real e o valor nominal da moeda. No caso de Atenas, em vez de se produzir os 6 mil dracmas com 1 talento de prata (que seria a conta aritmética), produziam-se 6.300, e a diferença revertia em renda para a cidade.

A defesa do argumento que empresta importância à moeda na construção da democracia pode ser reforçada pelo avesso, constatando-se o que *não* aconteceu em Esparta, a cidade que disputava com Atenas a hegemonia do mundo grego. Esparta continua refratária à cunhagem de moedas e somente no século 3 a.C. começa a fazer as primeiras emissões, cerca de trezentos anos depois de Atenas. Não tem nem mercado nem democracia, embora não se possa afirmar que a ausência de uma economia monetária tenha sido elemento determinante na formação autoritária daquela sociedade. Os espartanos consideram a posse de ouro e prata contrária à ética guerreira que os caracteriza e fazem pouco-caso da mentalidade mercantil dos atenienses. O desprezo pela moeda não chega a ponto de fazê-los dispensar o subsídio da Pérsia, que lhes permite financiar a frota de embarcações com que derrotam seus arquirrivais na Guerra do Peloponeso, no final do século 5 a.C.. O dinheiro, no entanto, pode ser um estorvo para uma sociedade que não o respeita: com o produto do saque que se segue à vitória, os espartanos se corrompem tão rapidamente quanto se recuperam os atenienses.

Mas vem de onde o dinheiro que movimenta o comércio de Atenas? De quem o tem, claro, os nobres, que emprestam a juros para comerciantes e mercadores comprarem a mercadoria a embarcar para o exterior. Fazem o pagamento na volta dos navios e uma cláusula no contrato os exime de saldar a dívida em caso de naufrágio. Embora as taxas sejam consideradas altas, o arranjo é aceitável para as partes envolvidas, que obtêm lucros com os quais ampliam a fortuna e os negócios. Quem desaprova a operação não são os credores nem os devedores, mas os filósofos capitaneados por Aristóteles, que arma tamanha ofensiva retórica contra a usura que seu eco ressoa ainda hoje.

Aristóteles, que viveu no século 4 a.C., é o maior pensador de seu tempo, ao lado de Platão, seu tutor, ambos descendentes da linhagem filosófica iniciada por Sócrates no século anterior. Considerado o único pensador antigo a ter exercido influência significativa sobre teorias monetárias, Aristóteles não achava natural o uso do dinheiro para gerar mais dinheiro. Para ele, a função do dinheiro deve ser apenas a de tornar todas as outras coisas mensuráveis por um único padrão, e nesse caso é instrumento da justiça (a questão da justiça está entre suas grandes preocupações). Aristóteles aceita o comércio, mas desde que justo, ou seja, desde que nenhuma das partes leve vantagem. "A ação justa é um meio-termo entre agir injustamente e ser tratado injustamente, pois no primeiro caso se tem demais e no outro se tem muito pouco", escreveu em *Ética a Nicômaco*. Como entre comerciantes profissionais dificilmente se negocia tendo como objetivo essa concepção de justiça, ele defendia que a compra e a venda fossem feitas sem intermediários.

Por ironia, Aristóteles torna-se mestre de um jovem que, mais do que qualquer outro, transformará Atenas num grande centro de comércio. Macedônio de nascimento, o filósofo é convocado pelo rei da região, Felipe, para acompanhar os estudos de seu filho adolescente, Alexandre, que mais tarde seria chamado de "o Grande". Em seus 33 anos de vida, Alexandre conquista o Império Persa, dando início ao mundo helenístico, e estende seus domínios pelo Mediterrâneo, tornando-se um dos maiores generais da história. As conquistas transformam Atenas no pólo irradiador de poder econômico e o dracma passa a desconhecer fronteiras, conectando civilizações em que a língua dos negócios é o grego; não o grego erudito de Aristóteles, mas um dialeto mais popular em que todos conseguem entender o que realmente interessa. A mensagem de Aristóteles, não obstante, sobrevive, principalmente depois de cristianizada no século 13 por São Tomás de Aquino, o dominicano que sistematizou a teologia católica.

Quanto a Platão, queria simplesmente acabar com a moeda, que inviabilizava o exercício da virtude. Para ele, nenhum homem honesto pode ser rico. Sua república modelo só admitiria os comerciantes como um mal necessário. A ocupação degradante seria deixada para estrangeiros. "O cidadão que se aviltar com o comércio das lojas será processado por esse delito. Se condenado, cumprirá um ano de prisão. A punição será dobrada em cada reincidência", escreveu em *A República*. A alternativa econômica seria um sistema de planejamento centralizado, em que o mercado não tem lugar. Radical de carteirinha, Platão, um aristocrata ateniense descontente que idealizava Esparta, costuma ser menos ouvido nessas questões do que seu pupilo mais famoso.

E Sócrates? Segundo Platão, principal fonte de informação sobre o filósofo que nada deixou escrito, Sócrates descreve a cidade dos mercadores como a cidade dos porcos. Xenofonte, outro depositário do pensamento socrático, tem um diálogo que mostra consistência nessa opinião. Em *Econômico*, o historiador coloca na boca de Sócrates uma apologia da vida no campo e da agricultura.

Pessoalmente, Sócrates não se preocupava com dinheiro. Sem ofício remunerado, vivia da herança deixada pelo pai, dinheiro que aliás emprestava a juros, inclusive a amigos, como Críton, que dá nome a um dos diálogos de Platão. Seu capital seria da ordem de 70 minas, o que não era muito, como se pode inferir a partir do poder aquisitivo do dracma, já indicado neste capítulo. De qualquer maneira, com coisas mais importantes em que pensar, o filósofo não procurava aumentar os rendimentos e se recusava a receber por seus ensinamentos, como faziam os sofistas, a quem ele desprezava em parte por isso mesmo. "Sua pobre esposa, Xantipa, a esquecida heroína da saga socrática, ficou com a reputação de megera, talvez por ser obrigada a criar os filhos com pouco dinheiro", escreveu o jornalista norte-americano I. F. Stone no livro *O Julgamento de Sócrates*.

Como formulação teórica ou preocupação prática, portanto, o dinheiro é objeto de acaloradas discussões na Grécia Antiga. O assunto é popular. Aristófanes, o maior autor de comédias do teatro grego, faz muito sucesso com a peça *Pluto*, embora os críticos não a situem entre as melhores do dramaturgo. Apresentada pela primeira vez no início do século 4 a.C., trata das venturas e desventuras do deus da riqueza, o personagem-título. Pluto está cego, castigado que foi por Zeus, o pai dos deuses, por querer beneficiar só os justos. O destino põe em seu caminho Crêmilo, que o convence de que a riqueza governa o mundo, conscientizando-o da importância dele. "Se há alguma coisa de brilhante, belo e agradável aos homens, é graças a ti que acontece. Tudo está subordinado à riqueza", diz Crêmilo a Pluto. E exemplifica com o humor licencioso que marca seu teatro: "Dizem que as prostitutas de Corinto, quando um pobre, por acaso, as tenta, nem sequer lhe prestam atenção. Mas, se é um rico, logo lhe oferecem o cu". Aristófanes aborda a questão da avareza *versus* prodigalidade ao fazer o deus da riqueza comentar por que não gosta de entrar em casas alheias: "Se entro, por acaso, em casa de um homem econômico, imediatamente me esconde bem debaixo da terra. E se algum amigo honesto vem encontrar com ele, pedindo-lhe um dinheirinho, afirma jamais ter-me visto. Mas se, por acaso, entro em casa de um maluco, dado a putas e ao jogo, saio pela porta afora nu, num instante". Tendo recuperado a visão por intervenção de Crêmilo, Pluto diz se arrepender de ter socorrido os maus, que não podia identificar por não enxergar; agora, só ajudará quem merece.

No final da peça, antes de Pluto ser entronizado, Hermes, o mensageiro dos deuses, queixa-se de que, uma vez ricos, os homens dispensam a proteção divina e deixam à míngua os deuses, que antes recebiam sacrifícios. Em que pese o estilo desabrido de Aristófanes, mais tarde os jesuítas recomendaram a leitura da peça, pela interpretação moralista que também comporta.

Enquanto os gregos riam, os romanos começavam a organizar o poderio com que em breve dominariam o mundo. Se a Grécia é a primeira civilização transformada pelo surgimento da moeda, Roma dá um passo além e torna-se o primeiro império construído sobre a moeda. Não que os romanos tenham percebido logo as vantagens. Ao contrário. A primeira moeda foi cunhada em Roma só em 268 a.C., quase quatro séculos depois de sua invenção. Na época, apesar do estabelecimento da república dois séculos e meio antes, a importância dessa civilização ainda era apenas regional. A adoção da cunhagem, ideia copiada dos gregos, fazia parte da intensa helenização de Roma. Trata-se basicamente do mesmo sistema, só que em vez do dracma temos agora o denário, nome que está na origem da palavra "dinheiro". Mas há diferenças importantes: uma delas, novamente, é de escala, pois a emissão passa a ser gigantesca, proporcional aos gastos para a manutenção da máquina militar e administrativa de Roma; outra é que com o denário nasce também a inflação tal como a conhecemos hoje, embora ainda sem esse nome.

Base do sistema monetário romano, o denário, moeda de prata, inicialmente levava estampados ou desenhos alusivos às famílias dos que o cunhavam, ou a figura de Roma com carruagens puxadas por quatro cavalos, ou ainda uma representação da deusa padroeira do Estado, Juno Moneta, em cujo templo também era fabricada. Moneta vem de *monere*, que em latim quer dizer "avisar", "advertir". Há pelo menos três versões para a origem do nome, todas em homenagem ao zelo da deusa pelos romanos. Uma sustenta que ela os teria alertado para um tremor de terra a tempo de salvá-los. Outra dá conta do grasnar de gansos sagrados que teria denunciado um ataque noturno de gauleses. E uma terceira versão, a única a contemplar um aspecto financeiro, atribui a Juno o conselho que teria garantido o sucesso na guerra contra Pirro, o general grego invasor da península italiana que com suas vitórias que mais pareciam derrotas deu origem à expressão "vitória de Pirro". O conselho, pedido diante das dificuldades financeiras de Roma (estamos na década anterior ao início da cunhagem), foi para que se concentrassem no combate, que dinheiro não faltaria; assim se fez, Pirro viu-se obrigado a voltar à Grécia e a deusa Juno ganhou, em reconhecimento, o título de Moneta e o templo no monte Capitolino, centro político, social e religioso da cidade. Construído no século 4 a.C., o templo não sobreviveu, mas o sobrenome da divindade, qualquer que tenha sido a lenda ligada a sua mais remota etimologia, perpetuou-se na raiz da palavra latina que designa moeda.

Moneta pode ter protegido os romanos, mas os romanos não protegeram a moeda. Eles a desvalorizaram constantemente; primeiro para financiar as conquistas, depois para pagar pela defesa das longínquas fronteiras. O processo começa logo após o início da cunhagem, com as Guerras Púnicas, travadas com Cartago, do outro lado do Mediterrâneo, no norte da África, onde hoje fica a Tunísia. A primeira delas, na década de 240 a.C., dura cinco anos e dá a Roma o controle da Sicília, a ilha que fica entre as duas cidades em combate. A segunda, no final do mesmo século, que resulta na hegemonia romana na parte ocidental do Mediterrâneo, demora quase vinte anos e seu alto custo provoca, em 212 a.C., a primeira reforma monetária, que ocorre enquanto se travam batalhas em que o inimigo cartaginês ameaça chegar à própria capital. A importância dessa reforma leva alguns historiadores da moeda a identificar aí o surgimento do denário, e não mais de cinquenta anos antes.

De qualquer maneira, nessa época a moeda de prata equivale a dez de cobre (chamadas asses), valor expresso no X, dez em algarismo romano, gravado ao lado da efígie de Roma, a heroína lendária e epônima da cidade. A estabilidade monetária só é alcançada após a terceira e última Guerra Púnica, em meados do século seguinte, quando Roma destrói Cartago. Nessa altura, tendo já conquistado a Macedônia e anexado a Grécia, Roma está pronta para dar as cartas no mundo por mais de meio milênio.

Em decorrência desse poder, as moedas fluem para a capital, seja como butim das regiões recém-conquistadas, seja na forma de impostos das províncias incorporadas. Lá, o dinheiro, embora também gasto nos extravagantes jogos em arenas, era canalizado principalmente para manter as bem-remuneradas legiões que, a partir de suas guarnições, garantiam a supremacia de Roma. Esses soldados conquistaram todas as terras por que passaram... bem, menos, é claro, aquela aldeia gaulesa no norte da França, defendida pelos heróis Asterix e Obelix, ajudados em suas perigosas missões pela poção do venerável druida Panoramix, todos eles sob a liderança do chefe do povoado, Abracurcix. Na rotina da tribo cercada, Obelix empilha legionários desacordados por socos que desfere sem precisar largar o enorme menir que carrega para cima e para baixo. Certa vez, chegaram à ousadia de roubar a coroa de louros de Júlio César para temperar um ensopado. Por Júpiter! Descontados os exageros característicos do gênero, a história em quadrinhos, criada em 1959 por Albert Uderzo e René Goscinny, conta alguma coisa da atuação dos legionários. A resistência gaulesa é fato: foi enfrentada por Júlio César, que em 51 a.C. comandava as forças romanas na região. Só que, na vida real, o desenlace não foi "ferpeito", como diriam os personagens, e o general romano levou a melhor.

Dobrada a oposição dos gauleses, Júlio César volta a Roma com prestígio suficiente para impor-se como ditador. É nessa qualidade que entra para a história da moeda como o primeiro governante a ter, em vida, o busto reproduzido no denário. A partir de então, divindades da mitologia cedem lugar a políticos do dia. A inscrição "César, Perpétuo Ditador" não deixa dúvida sobre quem manda. Ele havia mudado o mapa da Europa, fora amante de reis e rainhas, e o responsável pela criação do calendário que com pequenas alterações ainda usamos, apenas para citar alguns feitos notáveis. Seu perfil estampado na moeda mais popular da época era um ícone do poder, poder esse que tanto era absoluto quanto, sem que ele pudesse imaginar, estaria muito próximo do fim.

Em 44 a.C., logo após concluída a cunhagem, Júlio César é assassinado, episódio que dá origem a uma disputa política tão trágica que Shakespeare não precisou usar muita ficção ao abordá-la na peça *Antônio e Cleópatra*. Pelo que terá a ver com a história do dinheiro, vale uma rápida sinopse do enredo. Otaviano, filho adotivo de Júlio César, disputa espaço com Marco Antônio, outro herdeiro político do ditador. Casado com a irmã de Otaviano (numa tentativa frustrada de composição política), Marco Antônio é seduzido por Cleópatra, rainha do Egito, que também tivera um caso com Júlio César, sempre colocando seu charme a serviço do reino, então sob o domínio romano. A atitude de Marco Antônio o enfraquece politicamente e Cleópatra perde o interesse por ele. Ao interpretar literalmente o papel de mulher fatal, ela o leva ao suicídio e mais tarde, para não ter de se submeter a Otaviano, acaba se matando. Sem rivais, Otaviano completa o trabalho iniciado pelo pai adotivo e em 27 a.C. põe fim a quinhentos anos de história da república, tornando-se o primeiro imperador de Roma como César Augusto.

Entre as muitas e importantes reformas do novo governante que vão marcar todo o império está a monetária. Augusto continua cunhando moedas com a estampa de Júlio César, até para obter dividendos políticos que o ajudem a se legitimar no poder. Numa delas os dois aparecem juntos, com a inscrição que o identifica como "Filho de Deus". Ao mesmo tempo, renova e revigora todo o sistema de cunhagem, dando-lhe a dimensão necessária para fazer frente aos novos compromissos de Roma. Com mais moedas, é possível lubrificar o intenso comércio com as províncias e dar início ao período que ficaria conhecido como a *Pax Romana*, quando os povos sob o guarda-chuva do império, se pagavam impostos a Roma e admitiam o controle militar da capital, também desfrutavam da prosperidade propiciada pelo mercado comum, que facilitava, devido a tarifas baixas, a venda de produtos para os que controlavam a moeda.

Emitidas em Roma e em estabelecimentos autorizados nas províncias, as moedas tinham ampla circulação. Certa ocasião, uma delas foi parar nas mãos de Jesus, que nascera na Galiléia durante o governo de Augusto. Sem que se entre no mérito da interpretação religiosa, o episódio, contado no evangelho de São Marcos, mostra as diferentes reações à presença do império nas províncias. Na conhecida passagem do Novo Testamento, fariseus e partidários de Herodes perguntam a Jesus se devem pagar o imposto a César, título pelo qual eram conhecidos os imperadores romanos. Jesus lhes pede em aramaico, o dialeto semita do povo (os cultos falavam grego; os dominadores, latim), que tragam uma moeda com que o imposto era pago e pergunta de quem são a imagem e a inscrição. De César, dizem, e Jesus então encerra com a famosa tirada: "Dai pois a César o que é de César, e a Deus o que é de Deus". Escapa, assim, da armadilha: se respondesse "sim", os fariseus, pequenos comerciantes contrários ao pagamento, o desacreditariam diante do povo; se dissesse "não", poderia ser acusado de subversão pelos partidários de Herodes, representantes da elite que, em troca de cargos e privilégios, colaborava com Roma.

A frequente referência a dinheiro nos evangelhos indica que no tempo de Jesus a economia já está totalmente monetizada até em lugares afastados do centro do poder, como a Palestina. Entre as várias menções, talvez a mais conhecida seja a das trinta moedas de prata que Judas recebeu pela traição a Jesus. O evangelho não diz que moedas são essas, mas é provável que fossem denários. A imprecisão não muda a história bíblica, mas vale notar que foi cometida justamente por Mateus, o apóstolo e evangelista que, por ter sido publicano (coletor de impostos devidos a Roma), estava acostumado a lidar com dinheiro e recheou seus relatos com observações sobre valores. De qualquer maneira, o que Judas recebeu não era muito. Se não tivesse devolvido o dinheiro e se matado em seguida por arrependimento, poderia ter comprado um único escravo, ou apenas a décima parte do frasco do perfume de nardo puro, considerado muito caro, que uma mulher derramou sobre o corpo de Jesus, "preparando-o para a sepultura".

Por indicar valores, os evangelhos dão uma ideia, ainda que pálida, do custo de vida e do poder aquisitivo da moeda na época. Na parábola em que conclui que os últimos serão os primeiros, Mateus conta que um patrão considera justa a remuneração de 1 denário por dia de trabalho em sua vinha (e é o que paga tanto a quem trabalhou o dia todo quanto aos que chegaram na última hora). E o que compra o denário? Uma indicação, ainda que vaga, está no evangelho seguinte, de Marcos: preocupados em saber como comprariam alimento para os 5 mil homens que acompanharam Jesus ao deserto, os discípulos perguntam se terão que gastar meio ano de salário para dar de comer à multidão. Seria possível, a partir desses dados, calcular o preço de uma refeição, embora a despesa tivesse sido desnecessária, pois, no fim, Jesus faz o milagre da multiplicação dos pães e dos peixes e ninguém paga nada, o que transforma o repasto no único almoço grátis de que se tem notícia, como diria um economista sacrílego em alusão à *boutade* atribuída ao norte-americano Milton Friedman, prêmio Nobel de Economia (a frase "não há almoço grátis" transmite a ideia de que, no mundo dos negócios, tudo é feito por interesse).

Qualquer que tenha sido o poder aquisitivo do dinheiro nessa época, ele só se manteve até Nero assumir o império, três décadas depois da crucificação de Jesus. Nero pode ser lembrado de muitas maneiras: como o insano que manda matar a mãe, como o demente que teria incendiado Roma, como o anticristo que inicia a perseguição aos fiéis. Mas em qualquer história do dinheiro ele será lembrado principalmente por ter começado a desvalorização do denário, subtraindo da moeda parte do teor de metal precioso. Essa política, adotada a partir de 64 d.C., serviu aos propósitos de financiar seus gastos extravagantes, que não po-diam ser cobertos apenas com os elevados impostos cobrados dos habitantes das províncias.

A operação financeira não envolvia nenhum raciocínio sofisticado. Tratava-se apenas de cunhar maior quantidade de moedas com a mesma quantidade de metal, o que era possível reduzindo-se a porcentagem de prata ou ouro da liga. A contrapartida desse artifício foi a alta dos preços. Era a inflação, em resumo, que pela primeira vez na história surgia de maneira sistemática em decorrência de uma deliberação de governo. Nos quase quinze anos em que Nero foi imperador, cortou-se o conteúdo de prata da moeda para 90%. Não parece muito se medido por padrões contemporâneos, mas deflagrou um processo que, ao longo dos três séculos seguintes, terminaria por minar as bases do Império Romano, embora não se possa atribuir sua queda unicamente a razões monetárias, como adverte Galbraith, contestando análises que dão à moeda importância desproporcional.

A situação não se deteriorou de uma hora para outra. Apesar da inflação, Roma ainda viveria seu apogeu. No início do livro

História do Declínio e Queda do Império Romano, um clássico da historiografia do século 18, o inglês Edward Gibbon arrisca afirmar que o período mais próspero e feliz da raça humana foi o século 2 nos domínios de Roma. Exercia-se o poder absoluto com virtude e sabedoria, os legionários estavam contidos e havia política social. Um dos imperadores do período é Adriano, que reina por quase vinte anos na primeira metade do século, quando manda construir a Vila Adriana, ambicioso projeto arquitetônico que remete aos valores da Grécia Antiga que ele aprendera a admirar em suas muitas viagens. Trata-se de um humanista. "Uma parte de nossos males provém de que muitos homens são excessivamente ricos, outros desesperadamente pobres. Por felicidade, certo equilíbrio tende a se estabelecer atualmente entre esses dois extremos", diz ele na voz da escritora francesa Marguerite Yourcenar, que nos anos 50 lançou, com sucesso, *Memórias de Adriano*, uma biografia do imperador escrita na primeira pessoa, com técnica de ficção mas fiel aos fatos. "Há um século nossa moeda vem sendo perigosamente desvalorizada", constata Adriano. E indica o que fazer: "É pela taxa das nossas peças de ouro que se avalia a eternidade de Roma: cabe-nos restituir-lhe o valor e o peso solidamente calculados em coisas".

Como às palavras de Adriano não se seguiram medidas, a desvalorização da moeda se acentuou. A evolução nominal do soldo dos legionários é um indicativo do ritmo da inflação no Império Romano. No final da república, antes de Cristo, era de 225 denários por ano e depois de Nero passou a 300 denários; no ano 200 havia dobrado e logo em seguida já estava em 900 denários, valor que voltou a dobrar nos vinte anos seguintes. Os legionários ganhavam mais e compravam menos, como em qualquer processo inflacionário. O salto nominal das remunerações era paralelo à desvalorização. A prata quase desapareceu da moeda, com o teor do metal despencando de 100% no início da era cristã para 0,5% no final do século 3.

O ponto de ruptura só não ocorreu porque na virada do século o imperador Diocleciano foi atrás dos contribuintes com a mesma tenacidade com que perseguiu os cristãos, campanha essa que, por ter sido a última do gênero, o tornou desafortunadamente célebre. Com os contribuintes, no entanto, ele não se mostrou cruel. Ao contrário, tentou ser justo, aplicando critérios fiscais baseados na proporcionalidade do ganho e da produtividade. Embora mal recebida, sobretudo pelos mais prejudicados, a reforma é tida como um avanço, considerando-se a arbitrariedade da tributação anterior. Diocleciano também quebrou um tabu: passou a taxar os residentes na Itália, que até então eram isentos, o ônus tributário concentrando-se nas províncias.

O esforço de arrecadação seguiu-se a grandes gastos. Nos vinte anos em que esteve no poder, o imperador se engajou num programa de construção civil, estimulou a agricultura e, para fortalecer a defesa de fronteiras ameaçadas, aumentou o efetivo militar, de 300 mil para 400 mil legionários. Parte dos impostos era paga em mercadoria, não em dinheiro, prática que indicava não a liberalidade do governante mas a deterioração total da moeda: se o poder aquisitivo do dinheiro não se mantinha, era melhor para o imperador receber em produto, quando possível.

O pacote de medidas econômicas de Diocleciano completou-se com duas iniciativas que, se causaram grande impacto, tiveram também vida relativamente curta: a reforma monetária, que restituiu o valor em metal precioso das moedas, como preconizava Adriano, e o congelamento de preços e salários, a primeira tentativa da história de resolver o problema da inflação pela via heterodoxa. Em 301, cerca de mil artigos são tabelados e os valores divulgados no *Edictum de Maximis Pretiis*. O texto oficial atribui a carestia à ganância dos produtores e comerciantes e ameaça com pena de morte quem for flagrado em desrespeito à lei. Apesar da intimidação, o resultado imediato é que as mercadorias somem de circulação ou são canalizadas para o mercado negro, da mesma maneira que em experiências contemporâneas desapareceriam das prateleiras de supermercados ou seriam vendidas com ágio. Diocleciano reconheceu a ineficácia da medida e acabou revogando-a antes de se aposentar.

Em que pese o fracasso de medidas econômicas pontuais, o fato de o imperador ter podido se retirar voluntariamente da vida pública parece dizer muito sobre o conceito que seus contemporâneos tinham dele: os anteriores foram, na maioria, assassinados. Com a intensa reorganização administrativa do Estado que promoveu, Diocleciano deu uma sobrevida ao Império Romano, que, após dividido em dois, duraria ainda quase dois séculos na Europa Ocidental e se transformaria, no Oriente, no longo Império Bizantino.

3. Campônios, Mercadores, Banqueiros

Após quase sumir no período feudal, a moeda volta e dá empurrão decisivo no capitalismo

Dono de reconhecida erudição, Dante Alighieri não perdia oportunidade de aumentar seu saber enciclopédico. O poeta esbanjava ecletismo. Mesmo tendo passado grande parte da vida pensando em sua Beatriz, encontrou tempo para se tornar versado em cultura antiga, acompanhar o debate científico, interessar-se por filosofia e verificar, com curiosidade, os avanços da tecnologia. Foi assim que provavelmente acabou prestando atenção num dos primeiros relógios mecânicos de que se tem notícia, construído no início do século 14. Tratava-se de um equipamento de peças de ferro instalado no campanário de uma igreja no norte da Itália. O mecanismo era ainda muito rudimentar, mas a novidade das engrenagens em movimento parece tê-lo encantado, a ponto de ganhar menção na *Divina Comédia*, sua obra-prima:

Em relógio quem põe atenta a mente,
Das rodas uma cuida estar sem moto
E correndo estar outra velozmente

A primeira versão do relógio mecânico, no entanto, não estava à altura dos versos: não funcionava bem, nem mostrava as horas.

Num único dia, podia atrasar ou adiantar até trinta minutos, imprecisão, aliás, de que poucos se davam conta, pois os ponteiros só surgiriam mais tarde (o dos minutos nada menos do que quase quatro séculos depois). Sem informação visual, o passar das horas era registrado pelo número de batidas. Apesar da precariedade dos instrumentos, é com essas badaladas que a Europa Ocidental acorda e começa a adotar na prática a antiga noção da hora uniforme de sessenta minutos, exigência crescente de uma sociedade que, depois de praticamente abandonar o uso do dinheiro durante a Idade Média, prepara-se novamente para retomar, agora de maneira definitiva, a monetização da economia.

No final da Idade Média, moeda era coisa do passado. Com a desintegração da parte ocidental do Império Romano, deixaram também de existir as instituições que lhe davam unidade. Da mesma maneira que o sistema político ruiu com a pulverização do poder central em fracos reinos feudais, a cunhagem foi igualmente por terra. Não havia mais um Estado forte que garantisse as emissões e, tão ou mais importante, inexistia interesse na cunhagem em larga escala devido ao refluxo do comércio internacional. Em resumo, não havia o que pagar. A atividade econômica restringia-se ao interior de cada feudo, que era autossuficiente. Se algo faltasse, ficava mais fácil dar um pulo até a aldeia vizinha e recorrer ao velho escambo. Não havia como nem por que produzir excedentes para comercializar. Não que as moedas tivessem desaparecido; apenas perderam a importância. O denário remanescente do tempo dos romanos nada valia, a não ser para o troco eventual. Outras moedas, emitidas por algum senhor ou rei de expressão local, só eram aceitas na região.

Depois de séculos submetida a um império com base monetária, a sociedade europeia organizou-se para viver sem a circulação de dinheiro. A moeda nada mais intermediava, a começar pelas relações de trabalho: o senhor cedia terra ao servo, que dela tirava o sustento e pagava ao senhor com dias de trabalho, fechando o ciclo. Moeda para quê? A terra, e não o dinheiro, refletia a riqueza. E se não havia como comprar propriedades, então uma das poucas maneiras de enriquecer era tomá-las, tanto que as guerras pela posse de terra marcaram os tempos medievais.

No Oriente, a história é bem outra. Lá, o Império Bizantino será a presença dominante por mais de um milênio, até 1453, com a queda de Constantinopla, a capital que começou com o nome de Bizâncio e hoje é Istambul, cidade mais importante da Turquia. Constantino, o Grande, consciente da estratégica localização de Bizâncio — às margens do estreito que divide a Ásia e a Europa, ligando os mares Negro e Mediterrâneo —, escolheu-a para ser a "Nova Roma". O imperador, que passara a juventude na corte de Diocleciano, atribuiu grande parte de seu sucesso à conversão ao cristianismo.

Reverenciado como santo na Igreja Ortodoxa, Constantino é saudado também por ter servido a outro senhor, o dinheiro, pois parte de seu legado é a moeda bizantina de ouro que, cunhada a partir do século 4 em Constantinopla, foi sempre tão forte que, mais tarde, ficou conhecida como o dólar da Idade Média. Essa moeda, o besante, também chamada sólido, representou a base do sistema monetário bizantino e seu valor manteve-se inalterado durante praticamente o tempo que durou o império. Assim, na questão monetária, Constantino foi mais feliz com o besante do que seu antecessor com o denário. A manutenção, por séculos, do valor daquele dinheiro deveu-se menos aos auspícios da iconografia cristã típica das douradas moedas bizantinas do que à herança grega de resistência à desvalorização, fruto, por sua vez, do entendimento de que o expediente de provocar inflação para custear gastos públicos, além de prejudicial, só produz efeitos a curto prazo.

Reconstruída pelo imperador romano, Constantinopla tornou-se uma capital vistosa, reflexo da grandeza de um império que, no auge, chegou quase a ter as mesmas fronteiras do Império Romano. A prosperidade tinha por trás um forte e eficiente sistema de tributação, que, se comparado ao que havia na Europa, provavelmente faria Lady Godiva ruborizar por ter feito aquele famoso protesto contra o imposto elevado em Coventry, uma cidade do interior da Inglaterra. Conforme a lenda, Godiva, que de fato existiu, cavalgou nua pelo mercado local, coberta apenas pelos longos cabelos, cumprindo assim o desafio lançado pelo marido, um conde, que, depois de ouvi-la implorar em nome dos camponeses, impôs tal condição para eliminar as taxas da cidade. Por um acerto prévio, a população fechou-se em suas casas durante o ato de protesto, compromisso quebrado apenas por um alfaiate bisbilhoteiro que, ao olhar pela janela, teria ficado cego. Não há indício que ligue a Godiva histórica à personagem lendária, mas o fato comprovado é que em seu tempo, no início do século 11, quase todos os impostos foram suspensos em Coventry, o que justifica o monumento em sua homenagem no centro da cidade, exibindo hoje o que ela então escondera.

A Inglaterra dessa época, recém-unificada em reino, era a única região da Europa medieval a dispor de um sistema de cunhagem com a ambição de produzir moedas aceitas além de suas fronteiras. Nada que se pudesse comparar à moeda bizantina: o pálido pêni de prata seria ofuscado pelo reluzente besante de ouro. Ainda assim, era o que de melhor havia entre os arremedos de moeda na Idade Média. O sistema de cunhagem na Inglaterra era herança do império da dinastia carolíngia, a única tentativa de reunificar a Europa e devolver-lhe a cultura clássica perdida com o fim do domínio romano. Liderado por Carlos Magno, rei dos francos, o projeto não se consolidou, mas legou essa moeda que nascera da reforma monetária promovida no século 8 por seu pai, o rei Pepino, o Breve.

O pêni teve ampla circulação na Europa, mas, talvez devido à excentricidade de sua divisionária, só "pegou" mesmo na Inglaterra, que o conheceu quando ainda era um conjunto de reinos anglo-saxões independentes. Doze dessas moedas formavam 1 xelim, e 20 xelins formavam 1 libra, relação essa que sobreviveu por tanto tempo à hegemonia posterior do sistema decimal que ainda estava em vigor no auge dos Beatles — uma referência talvez extemporânea mas que permite enfatizar a longevidade daquela organização monetária, encerrada apenas com a reforma de 1971, que marca a tardia adesão da libra à base dez (ainda recentemente, um pub no norte de Londres calculava o troco em xelins, para diversão dos clientes).

Com ou sem moeda forte, a Europa aos poucos ia deixando para trás a Idade Média. A revolução se dá mais no campo, o sustentáculo da economia, do que na cidade, esvaziada dentro das muralhas, que, erguidas contra invasores, acabam por simbolizar um exacerbado protecionismo. O aumento da produtividade agrícola gera algum excedente, que é vendido ao Império Bizantino.

Uma alimentação mais bem balanceada eleva a expectativa de vida e a população dá um salto. O camponês de horizonte limitado deixa a condição de simples servo e ganha autonomia ao passar a ser remunerado. O senhor também começa a preferir receber em dinheiro pelo arrendamento da terra, tendo assim como importar bens do Oriente. Timidamente, o comércio renasce. O evento histórico que potencializa a monetização da Europa medieval são as Cruzadas, que têm início no século 8 e não terminam antes do 13.

As primeiras Cruzadas objetivam reconquistar para o mundo cristão a península Ibérica, que caíra nas mãos dos muçulmanos em 711, fechando o Mediterrâneo para o comércio. As Cruzadas para o Oriente datam do início do século 11. Com o pretexto de libertar Jerusalém primeiro dos turcos e depois dos egípcios, nobres e religiosos europeus organizam peregrinações, como se dizia na época, em direção à Terra Santa, levando dezenas de milhares de pessoas a atravessar o continente em expedições que, quando bem-sucedidas do ponto de vista cristão, terminavam em carnificina. Para a história da moeda, o que interessa registrar é que esse tipo de aventura custa dinheiro e precisa, portanto, ter algum esquema de financiamento. Motivados pela indulgência prometida pelo papa (para não mencionar o objetivo de conquistar terras), os nobres desenterravam seus tesouros, vendiam bens, levantavam empréstimos, liberavam servos mediante pagamento, enfim, faziam a moeda voltar a circular. E para quem estivesse endividado o estímulo para participar das Cruzadas era ainda maior. Além de ter os pecados absolvidos, o peregrino contava com um perdão de natureza mais concreta: por ordem da Igreja, enquanto estivesse fora se beneficiaria de uma moratória sobre os juros e o principal da dívida. Assim, enquanto divulgavam o evangelho, os cruzados também tentavam fazer bons negócios.

A máquina das Cruzadas era vitalizada por uma elite de cavaleiros que circulavam em estradas e palácios vestidos com uma túnica branca em que se destacava a cruz vermelha: os temidos guerreiros da Ordem dos Templários, organização criada em Jerusalém no início do século 12, logo após a primeira Cruzada. Instalados inicialmente no local onde havia funcionado um templo (daí o nome), os cavaleiros tinham rígida estrutura militar e, ao serem aceitos na ordem, faziam votos de castidade e, o mais importante, de pobreza. Com esse perfil que combinava segurança e honestidade, não demorou para que se tornassem depositários das fortunas dos nobres que se juntavam às Cruzadas. Mais tarde, em reconhecimento aos serviços prestados aos peregrinos, receberam propriedades de reis em toda a Europa, o que os tornou ainda mais ricos. Ricos e famosos, pois tinham como seu maior propagandista ninguém menos que São Bernardo, cuja enorme capacidade de persuasão está sugerida em seu epíteto: doutor melífluo.

Sem ter o que fazer com tanto dinheiro, já que respeitavam o voto de pobreza, os templários passaram a usá-lo para financiar as próprias Cruzadas. Serviço completo: numa ponta faziam o empréstimo e na outra defendiam a vida do devedor. Agora já com sede nova, em Paris, emprestavam a reis e aristocratas, tornando-se, assim, precursores dos banqueiros. Tudo com as bênçãos do papa, a quem se reportavam diretamente e que estava, ele também, entre os muitos clientes da organização. Por quase dois séculos, as coisas correram bem, mas os templários acabaram vítimas do próprio sucesso. De olho na imensa fortuna da ordem, o rei da França na virada do século 14, Filipe, o Belo, deu início a uma intensa campanha de difamação contra seus integrantes, que terminou com a prisão de vários deles e o seqüestro dos bens. Acusados de heresia e imoralidade, muitos cavaleiros foram executados; o último líder morreu queimado em 1314, quando a organização já havia sido abolida pelo papa Clemente V, que agira sob pressão da monarquia francesa. Quando os templários desapareceram, porém, a Europa que tinham ajudado a transformar já começava a despertar do profundo sono feudal, momento que, simbolicamente, o relógio de Dante ajudara a marcar.

A economia monetária na Europa estava de volta, e com pelo menos uma grande vantagem sobre a existente no Império Romano: os algarismos agora eram arábicos, uma novidade lá chegada no início do século 13. Sugere-se ao leitor que porventura não der a devida importância a esse fato que tente fazer uma conta simples usando números romanos. Responda rápido: quanto é MDCXXXIV mais CCCLXVI? Viu? Agora escreva 1.634 e, na linha de baixo, 366. Não é preciso calculadora para se chegar logo ao número 2.000. A questão é que os números romanos não foram feitos para o cálculo; para começar, o sistema não conta com o número zero, o que complica até as operações mais elementares. Se somar já era difícil, que dirá calcular juros, que é o que interessa nesta história. Georges Ifrah, com a autoridade de quem escreveu a definitiva *História Universal dos Algarismos*, diz que a complexidade e a insuficiência da numeração romana acabam com qualquer possibilidade de operação. "Não há dúvida de que esse sistema marcou uma regressão muito nítida em relação a todas as numerações da história", sentencia o professor.

Antes dos algarismos arábicos, os europeus eram obrigados a recorrer a calculadores profissionais, uma casta de especialistas que sabiam usar o ábaco, tradicional instrumento de cálculo que, numa das versões mais conhecidas, se constitui de fichas manuseadas sobre uma mesa de superfície xadrez. Dominar os mistérios dessa arte demandava esforço equivalente ao exigido para se obter um doutoramento nos dias de hoje, compara Ifrah. Talvez não seja exagero afirmar que o algarismo arábico democratizou a matemática, embora sua absorção tenha se dado aos poucos. O ábaco resistiu por muito tempo e só lentamente foi sendo esquecido, até desaparecer na época do Renascimento — menos, é claro, na conservadora Inglaterra. Lá, ainda no século 18, funcionários do governo calculavam com fichas o imposto devido e é por isso que, ainda hoje, o ministro da Fazenda é chamado *chancellor of the exchequer*, literalmente, o chanceler do xadrez.

A conta mais difícil da Idade Média, no entanto, seria de outra natureza: a soma dos mortos da Peste Negra, em meados do século 14. O resultado foi devastador: cerca de 25 milhões de pessoas morreram num intervalo de poucos anos, entre 1347 e 1351, dizimando-se assim um terço da população da Europa. A epidemia matou monarcas, aristocratas, nobres, mas principalmente trabalhadores, fossem camponeses ou artesãos. Os sobreviventes passaram a ser disputados pelos empregadores, o que provocou aumento dos salários. Uma estimativa indica alta média de 50% nos ganhos em relação ao período anterior à peste. A intensa mobilidade social que se segue contrasta tanto com a rígida estratificação medieval que pode ser considerada o ponto de ruptura de um feudalismo que já dava mostras de esgotamento.

Se a realidade econômica era outra, a mentalidade religiosa continuava a mesma. E esse conservadorismo desempenhava papel determinante, pois, afinal, quem dava as cartas na Idade Média era a Igreja Católica, não apenas por dominar a economia (basta lembrar que chegou a deter um terço das terras na Europa), mas principalmente por influenciar o pensamento econômico, marcado pela intransigente condenação à usura, ou seja, o empréstimo de dinheiro a juros. Essa concepção podia fazer algum sentido durante o período feudal, quando praticamente inexistia negócio com capital que não fosse próprio. O empréstimo típico era concedido ao nobre que partisse em Cruzada ou que estivesse em dificuldade (talvez uma quebra de safra), não ao empreendedor que vislumbrasse a possibilidade de lucro. Cobrar juros, portanto, significaria tirar proveito do esforço de evangelização ou da infelicidade alheia, um pecado. Numa economia em que a moeda não era mesmo muito importante, a posição da Igreja sobre juros não chegava a incomodar. O problema intensifica-se quando, diante das novas circunstâncias, a visão da Igreja torna-se anacrônica e passa a ser empecilho ao desenvolvimento.

Não por coincidência, a proibição da usura é reforçada quando, com o fim da letargia feudal, começa a surgir a demanda por crédito. Estamos de volta ao século 12, quando as primeiras grandes feiras medievais agitam, por dias, a pacata rotina da vida urbana. Nessas ocasiões, desobrigados temporariamente de cobrar apenas o "preço justo" (equivalente ao custo de produção), os artesãos se animam e testam a lei do mercado. Suspensas essas e outras restrições, o intercâmbio comercial floresce, gerando necessidade de financiamento e de um serviço de câmbio, já que há vendedores e compradores de muitas partes do mundo, cada qual com sua moeda. Várias cidades alcançam excepcional prosperidade por abrigarem feiras. Troyes, capital histórica de Champagne, no nordeste da França, é uma delas, e sua importância pode ser avaliada pelo fato de o sistema de peso lá usado, com base na quantidade de grãos, manter-se até hoje como padrão no comércio de metais preciosos (uma onça-troy é igual a 31,1 gramas).

No auge dessa movimentação, quando os cambistas passam a conceder empréstimos com os ganhos advindos das comissões pelo serviço de troca de moedas, a Igreja puxa as rédeas do comércio: em 1179, o Concílio de Latrão é explícito na condenação à usura. À medida que a sociedade contorna a objeção e retoma aos poucos a prática do crédito, o papa endurece de novo: no final do século 13, o Concílio de Lyon proíbe até o aluguel de casas a usurários; no início do século seguinte, o Concílio de Viena manda excomungar governantes e magistrados que sancionem a usura.

Ao usurário está reservado o inferno e é realmente lá, no primeiro livro da *Divina Comédia*, que, em consonância com o pensamento da Igreja, Dante o coloca, mais especificamente no Sétimo Círculo, em companhia dos que violaram a natureza. "O círculo onde são castigados os usurários é o mesmo dos sodomitas", observa o colaborador do presidente De Gaulle e pensador francês Alain Peyrefitte no livro *A Sociedade de Confiança*. E completa, para não deixar dúvida quanto a sua interpretação: "O usurário inventou outra via, pela qual o homem pode tirar vantagem, assim como os sodomitas inventaram outra via para se entregar à concupiscência".

Quaisquer que tenham sido as intenções de Dante, o fato é que, lendo o Antigo Testamento, para ficar apenas na fonte principal, ele teria material de sobra para condenar o usurário. No Êxodo está escrito: "Se emprestares algum dinheiro aos do meu povo, que são pobres entre vós, não o apertes como exator inexorável, nem o oprimas com usuras". Mais adiante, no Deuteronômio, outro livro do Pentateuco, a mensagem é a mesma: "Não emprestarás com usura a teu irmão nem dinheiro, nem grão, nem qualquer outra coisa que seja, mas somente ao estrangeiro". Nessas duas citações, a proibição à cobrança de juros restringe-se a empréstimos entre judeus. Outras passagens fecham essa brecha e a proibição se estende a todos; não é justo que nem mesmo o gentio pague juros. É o caso do Levítico, outro dos primeiros cinco livros da Bíblia: "Não lhe darás o teu dinheiro a usura, nem exigirás dele mais grãos do que o que tu lhe houveres dado". Em Ezequiel, o profeta coloca no mesmo saco o assassino, o adorador de ídolos imundos, o explorador de indigentes e o usurário. E o condena: "Infalivelmente morrerá, o seu sangue será contra ele mesmo".

Aliando a ameaçadora retórica bíblica ao pensamento aristotélico (como visto no capítulo anterior), São Tomás de Aquino não tem como, no século 13, fugir da condenação da usura. A concepção do teólogo italiano é peculiar: ele divide os bens entre os que podem ou não ser consumidos. Um vinho é consumido; uma casa, não. Após beber-se uma garrafa, aquele vinho não existe mais. Mas a casa continua existindo depois de ter sido habitada. Por isso, conclui, uma casa pode ser alugada, e uma garrafa de vinho, não. Até aí, tudo muito lógico, um raciocínio bem ao gosto dos escolásticos que ele liderava. O problema é que Tomás de Aquino coloca o dinheiro na mesma categoria do vinho, e por isso condena seu aluguel, ou seja, o empréstimo a juros. Não percebe, portanto, a diferença, que ficaria clara mais tarde, entre dinheiro e capital; este é o dinheiro para investir, aquele para consumir. O religioso, no entanto, entreabre uma porta para o empréstimo ao aceitar a possibilidade de alguma compensação em caso de perda do principal, indenização essa que seus seguidores estenderiam ao lucro que deixasse de ser obtido por quebra de contrato, chamado de lucro cessante. Mas continua sendo injusto cobrar pelo empréstimo. Na opinião de Tomás de Aquino, o ganho do credor só é legítimo se ele assumir parte do risco do negócio em que o devedor aplicar seu dinheiro, mas, nesse caso, trata-se mais de sociedade do que de empréstimo.

A posição da Igreja permanece basicamente a mesma durante toda a Idade Média e o Renascimento. Ainda no auge do Iluminismo, no século 18, intelectuais ligados à Igreja pisavam em ovos para criticar a rejeição à usura. É o caso do economista e abade italiano Ferdinando Galiani, que no livro *Da Moeda*, publicado em 1751, tenta argumentar que a incerteza de receber o principal justifica o ganho do credor. “O que se chama fruto do dinheiro não é senão o preço da ansiedade”, escreve. E confessa logo adiante: "Se continuasse a falar mais sobre esse assunto, iria ultrapassar os limites do que me convém respeitar". O conceito de usura, de qualquer maneira, mudou na medida em que a nova realidade econômica se impunha sobre a ortodoxia religiosa. Inicialmente, usura queria dizer apenas juros; aos poucos, passou a designar juros exorbitantes, aqueles que ultrapassassem em muito os 12% ao ano, o teto fixado pelo direito romano. Ou seja, continuava-se criticando a usura com a mesma ênfase, mas o termo já não significava mais exatamente a mesma coisa.

Não seria com sutilezas semânticas, no entanto, que a Igreja Católica conseguiria acomodar os interesses emergentes de comerciantes e banqueiros. Para tanto, tornava-se necessária uma ruptura — e foi isso o que a reforma protestante ofereceu. O protestantismo, ao contrário do catolicismo, não condenava os juros, e isso era tudo o que os espíritos empreendedores do século 16 queriam ouvir. Para se ter uma ideia do impacto provocado nas hostes conservadoras, um teólogo católico, Peter Bungus, escreveu um cartapácio para "demonstrar", pela numerologia, que o nome do alemão Martinho Lutero, que detonou os ataques a Roma, somava 666, número que, segundo o apóstolo João, é o da Besta do Apocalipse. No que diz respeito à questão dos juros, no entanto, o livro errou de alvo. A reinterpretação da Bíblia sobre os juros é atribuída principalmente ao francês João Calvino, da segunda geração da reforma protestante. Ele mantém a condenação à usura, mas admite a cobrança de juros baixos (até 5% ao ano seria legítimo), que contribuam para oxigenar o comércio e não se prestem a aumentar o capital. Herói do capitalismo, como é tratado hoje em dia em círculos liberais, Calvino teve, pessoalmente, pouco a ver com os desdobramentos do sistema, o que é admitido até mesmo por Max Weber, o sociólogo alemão autor da tese de que o puritanismo, uma das ramificações do protestantismo, foi responsável pela ascensão do regime hoje hegemônico. A contribuição de Calvino, de qualquer maneira, foi expressiva: questionou o dogma de que o dinheiro é estéril (não podendo, por si, gerar mais dinheiro) e tentou tirar o debate econômico da esfera teológica.

Enquanto isso não acontece, os judeus, estrangeiros na jurisdição moral da Igreja Católica, podem se dedicar ao tão estigmatizado quanto lucrativo ramo dos empréstimos. Vivem perseguidos na Europa e, nessa condição, acabam dando preferência a valores transportáveis, como ouro e dinheiro, o que ajuda a transformar alguns deles em banqueiros. Uma caricatura clássica desse judeu aparece no final do século 16 em *O Mercador de Veneza*, de Shakespeare, peça considerada antissemita pelo escritor norte-americano contemporâneo Harold Bloom. A crítica Barbara Heliodora, em *Falando sobre Shakespeare*, registra uma possível referência pejorativa no próprio nome do personagem, Shylock. "É muito semelhante ao hebreu *shalach*, traduzido como *cormorant*, corvo marítimo, nas edições inglesas da Bíblia" — essa e outras aves de rapina eram, no período elisabetano, símbolo dos usurários. Shylock empresta a juros e por isso é alvo da ira de Antônio, o mercador, igualmente rico, mas que empresta sem nada cobrar; é o confronto entre a avidez e a generosidade. Um dia, no entanto, Antônio precisa de 3 mil ducados para atender ao pedido de um amigo e, não os tendo disponíveis, recorre ao judeu. Sem lhe cobrar juros (aparentemente para mostrar o erro do julgamento de Antônio a seu respeito), o judeu propõe um pacto bizarro: se o dinheiro não for devolvido no prazo, o mercador terá de lhe entregar meio quilo de carne cortada do próprio corpo, cláusula que empurra a comédia para o humor negro. Claro que um imprevisto impede o pagamento no dia combinado. Criado o impasse, o caso vai a julgamento e, após inesperada reviravolta das expectativas, Shylock acaba condenado e perde seus bens.

Apesar do preconceito contra usurários, pouco se fazia sem o dinheiro que eles emprestavam. O próprio Shakespeare, que além de bardo não descuidava dos aspectos comerciais de suas produções, viveu a experiência de perto quando, logo após a estreia do *Mercador*, a companhia teatral em que era a principal estrela pagou juros de mercado para construir o célebre Globe Theatre, em Londres. Na época de Shakespeare, as casas bancárias já eram uma realidade e a maioria delas viria a se concentrar não longe do teatro, na rua Lombard, no distrito financeiro da cidade, assim chamada após lá terem se instalado, ainda em tempos medievais, muitos lombardos, povo do norte da Itália conhecido pelo pioneirismo no desenvolvimento da atividade financeira.

Os italianos haviam ocupado o vácuo deixado pelos templários, exterminados no início do século 14. E o fizeram ampliando o negócio, ao qual deram perfil mais profissional. A base de clientes, antes limitada à aristocracia, é democratizada com a inclusão de empreendedores com garantias de pagamento; e a proibição de cobrança de juros, que uma organização ligada à Igreja precisava acatar, é contornada com a emissão de letras de câmbio. Esses papéis, na prática, representavam uma forma de crédito: em vez de pagar à vista, o comprador emitia uma ordem para que a instituição em que ele tivesse depósito transferisse posteriormente o valor acertado ao vendedor. Com essa operação, as casas bancárias driblavam a proibição da usura, porque os juros embutidos não eram explícitos, e ainda estimulavam o comércio, já que não se precisava mais carregar moedas pelas perigosas estradas medievais. Bancos com esse perfil proliferaram na Itália. Pisa, Verona, Gênova, as cidades tinham seus próprios banqueiros. As que mais se destacavam, no entanto, eram a mesma Veneza de Shylock, que chegou a ter mais de cem instituições, e Florença, onde a família Medici dominou a atividade. Foi o dinheiro dos juros que financiou o Renascimento. Com dinheiro sobrando e pouco prestígio, os banqueiros encontraram no mecenato uma maneira de obter rápido reconhecimento social.

A rivalidade natural que havia entre essas cidades acirra-se a partir de 1453, quando, após tomar Constantinopla, os turcos concentram o comércio com Veneza, levando Gênova e Florença a se defender financiando viagens marítimas que abririam nova rota para o Oriente e, de quebra, descobririam a América e o Brasil. De um lado do mundo, vinham as especiarias; do outro, a prata para pagá-las. Tudo parecia muito bem quando, sem que se pudesse dar conta do que estava acontecendo, essa conjunção de fatores provocou inflação tão alta que o século seguinte entraria para a história econômica como o da revolução dos preços.

Como a prata chegava à Europa pelo porto de Sevilha, foi na Espanha que a inflação apareceu primeiro. A cidade, que havia perdido importância depois do progresso experimentado nos cinco séculos em que esteve sob o domínio dos muçulmanos, centralizou a cunhagem do metal das Américas, voltou a florescer e se tornou a mais rica da Espanha. A contrapartida foi a alta dos preços no país no século 16, da ordem de 400%. Na Inglaterra, que exportou para Portugal tudo o que o metal lusitano podia comprar, o aumento no mesmo período também foi substancial, embora mais modesto, de 150%, com a tendência mantida no século seguinte.

Outros países onde o dinheiro do metal chegava via comércio também registraram inflação. O processo, nesse caso, difere do registrado durante o Império Romano. Naquela ocasião, houve uma ação deliberada de governos para desvalorizar a moeda e, assim, financiar gastos públicos. Agora, os preços subiam em decorrência da abundância da prata de boa qualidade proveniente em grande parte do México e do Peru (o ouro do Brasil teria impacto semelhante nos preços na Europa ao ser descoberto, quase dois séculos mais tarde).

Com o fenômeno, pela primeira vez observam-se em grande escala os efeitos descritos na teoria quantitativa da moeda. "Esta afirma, em sua forma mais elementar, outros fatores permanecendo constantes, que os preços variam em relação direta à variação da quantidade de moeda em circulação", explica Galbraith, conhecido pela crítica ao monetarismo, que pode ser entendido como a elevação da teoria da quantidade de moeda à condição de política econômica. Assim, para combater a inflação basta cortar a oferta de moeda, o que, com variantes, tem sido a base de todos os planos anti-inflacionários, os bem e os malsucedidos. O conhecido efeito colateral dessa política é sufocar, junto com a inflação, a possibilidade de crescimento, pelo menos a curto prazo.

Como acontece em qualquer inflação, também na Europa do século 16 os salários subiram menos do que os preços, que sempre correram na frente. O impacto negativo sobre o nível da renda foi forte. Pela estimativa de Galbraith, no final do século 17, "quando os preços estavam três vezes e meia acima dos níveis pré-colombianos, parece provável que os salários fossem apenas duas vezes mais altos". Na interpretação de Karl Marx, mais tarde endossada por John Maynard Keynes, com preços altos e salários relativamente baixos os lucros deram um salto tal que viabilizou a acumulação necessária para o nascimento do capitalismo, então em sua fase comercial. Essa acumulação, acrescenta Keynes, foi potencializada pelo cálculo dos juros compostos, aqueles que incidem não só sobre o capital inicial, mas também sobre os juros ganhos anteriormente. Mesmo quem não compartilha da hipótese — como o historiador econômico francês Fernand Braudel, que no entanto a considera sedutora — não nega a influência dessa inflação para o surgimento do capitalismo, apenas a relativiza. "O capitalismo é uma estrutura, um fenômeno de lentíssima germinação e sempre de significado multivalente. A explicação (...) só o capta num movimento, numa conjuntura, num desnível provisório entre preços e salários. Este pode lhe ter sido proveitoso, mas não pode ter tido um papel determinante, por si só", afirma Braudel em *Reflexões sobre a História*.

Qualquer que tenha sido a importância histórica dessa inflação, os assalariados perderam. E não apenas eles. O surpreendente é que até os monarcas receptores da nova riqueza conseguiram se dar mal em decorrência do fluxo de metal para a Europa. A Espanha, que não mais dispunha de especialistas em questões financeiras (os judeus haviam sido expulsos do país), entusiasmou-se com a promessa de renda fácil e gastava tudo com importações e, principalmente, com guerras. Uma das mais custosas foi a campanha religiosa contra a Holanda protestante. Mas houve várias outras missões militares, como a batalha naval de Lepanto, contra os turcos, em que participou o jovem Miguel de Cervantes, futuro autor de *Dom Quixote de la Mancha*, que, ferido em combate, teve a mão esquerda inutilizada. O escritor, aliás, ao caricaturar o mundo hispânico, em que pareciam bastar as preces e os combates, está entre os poucos que pressentiram a decadência que se seguiria à chegada do metal. A situação financeira se agravava porque os gastos eram feitos por conta do metal que ainda estava nas minas, como as de Potosí, na Bolívia. Enquanto a esperada partida de prata não chegava, a Espanha recorria a empréstimos de banqueiros estrangeiros que cobravam juros de até 18% ao ano. "Os problemas monetários lançavam os reis, cada vez mais, nos braços da classe dos homens ricos, que obtiveram muitas concessões nessa época", observa Leo Huberman em *História da Riqueza do Homem*.

A inflação europeia causada pelo metal que mal parava na península Ibérica é multiplicada na Inglaterra por um problema doméstico: Henrique VIII. Enfrentando sérios problemas financeiros, o rei, que havia herdado um sólido sistema monetário, tentou contorná-los com o velho truque de Nero e seus sucessores: reduziu a quantidade de metal precioso da moeda para fazê-lo render mais. Em dez anos, entre 1542 e 1551, a moeda perdeu um terço de peso e um quarto de pureza da prata. Tudo somado, a quantidade no final do período reduziu-se a um sexto do que era antes, o que resultou numa taxa de depreciação média de 22% ao ano. Além disso, Henrique VIII abusou da senhoriagem. A taxa que um rei recebia pela cunhagem da moeda, que em geral era de no máximo 3%, chegou a mais de 40%. O processo se intensificava à medida que a necessidade apertava; ao todo foram seis reformas monetárias. Para ajudar na decoreba, os alunos britânicos costumam repetir que Henrique VIII teve tantas moedas quanto mulheres, sendo que estas, como se sabe, não tiveram melhor sorte do que aquelas.

A situação monetária só começou a ser restaurada no governo de Elizabeth I, filha de seu casamento com Ana Bolena, decapitada após ter ficado presa na Torre de Londres. Mais conhecida por ter transformado a Inglaterra numa potência política e comercial, a rainha também zelou pela qualidade física do dinheiro, introduzindo experimentalmente a moeda feita a máquina com ranhura na borda, cuja regularidade de acabamento permitia a identificação das peças limadas, o que dificultava a fraude até então rotineira. A atuação saneadora da monarca, que promoveu a recunhagem da moeda herdada do pai, deu-se sob a orientação de seu conselheiro financeiro, sir Thomas Gresham, autor de uma lei econômica que leva seu nome. Segundo a Lei de Gresham, se num país circulam duas moedas com o mesmo valor nominal e diferente teor de metal, as pessoas tentam passar adiante a menos valiosa e guardar a outra, que assim deixa de circular. A ideia está resumida no aforismo: "A moeda má expulsa a moeda boa". Apesar de ter ficado com a glória, Gresham não foi o primeiro a notar esse princípio monetário — ele apenas o elucidou. A observação original é atribuída ao francês Nicolas d'Oresme, considerado o maior economista medieval, que chegara ao enunciado dois séculos antes. O astrônomo Nicolau Copérnico, que entendia de economia, também aplicaria essa noção antes de Gresham ao preparar uma exposição de princípios para uma reforma monetária em algumas províncias de sua Polônia natal na primeira metade do século 16. (É curioso notar que Oresme também é o precursor da teoria heliocêntrica de Copérnico.)

Os holandeses levaram a sério a Lei de Gresham. Logo depois da reforma monetária na Inglaterra, a prefeitura de Amsterdã criou, no início do século 17, o primeiro banco público do mundo com a função precípua de garantir a qualidade do dinheiro circulante na cidade. O banco só aceitava moedas por seu valor intrínseco (ou seja, pelo peso e teor de metal, independentemente do valor de face) e, quando esse padrão de rigidez se generalizou, a adulteração deixou de representar vantagem e foi aos poucos abandonada. A medida beneficiou os negócios, num momento em que Amsterdã, a Meca dos primeiros capitalistas, se preparava para viver seu século de ouro.

Não deixa de ser simbólico que a instituição do banco público date do mesmo ano, 1609, em que começa a trégua da guerra com a Espanha, marcada pela vantagem do calvinismo sobre o catolicismo. O conservadorismo monetário holandês criou, por algum tempo, um ambiente em que a confiança era a principal alavanca do desenvolvimento. Confiava-se no sistema, não necessariamente nos banqueiros, ainda estigmatizados mesmo no centro mais liberal da Europa. Afinal, eles visavam o lucro, enquanto o banco público preocupava-se com a probidade, o que incluía o combate à usura. Por isso, continuavam excluídos de ofícios religiosos, juntamente com penhoristas, atores, malabaristas, acrobatas, charlatães e proxenetas, conta Simon Schama em *O Desconforto da Riqueza*. "Apenas em 1658 os Estados de Holanda convenceram a Igreja Reformada a retirar essa humilhante proibição imposta aos banqueiros." Quanto ao conservadorismo do banco público, durou o quanto conseguiu resistir às investidas dos próprios dirigentes municipais de Amsterdã. No final do século, dificuldades financeiras enfrentadas pela antes poderosa Companhia Holandesa das Índias Orientais levaram políticos a pressionar o banco para que financiasse suas dívidas em nome da importância da empresa para a economia regional. Esse comportamento minou a confiança dos depositantes e, depois de uma longa sobrevida, o banco acabou sendo fechado.

O saldo, porém, foi positivo para a história monetária. Pela primeira vez, uma instituição financeira realiza em grande escala o tipo de operação que seria o dia-a-dia dos bancos modernos: a criação de moeda. Até então, ela nascia da cunhagem autorizada pelo governo. Com os bancos, surge um novo tipo de moeda, o que ocorre exatamente quando o dinheiro de um depositante é emprestado. Essa operação multiplica a quantidade original da moeda depositada, ainda que não fisicamente. O depositante continua tendo seu dinheiro, claro, e quem o tomou emprestado passa a tê-lo também. "O processo pelo qual os bancos criam dinheiro é tão simples que até repugna a mente", diz Galbraith.

Com o surgimento do dinheiro bancário e a revitalização da cunhagem propiciada pela prata e o ouro da América, a Europa deixa definitivamente para trás a limitada economia da Idade Média, cujos horizontes começaram a ser ampliados naquele momento marcado pelo impreciso relógio de Dante. Agora, havia uma classe média urbana formada principalmente por comerciantes, que trabalhava num ambiente já totalmente monetizado e que, como tempo é dinheiro, não tinha tempo a perder. Foi oportuno e emblemático, portanto, que naqueles meados do século 17, ponto de partida de um novo capítulo da história da moeda, o ponteiro dos minutos tenha finalmente sido inventado.

4. Revoluções do Papel

Primeiras notas causam inflação, mas financiam a independência americana e a Revolução Francesa

Uma rosa é uma rosa é uma rosa. Já uma tulipa, além de ser uma tulipa, é também o objeto improvável de um clássico da especulação financeira.

Corria o ano de 1633. Enquanto os invasores holandeses ocupavam o Nordeste brasileiro em batalhas sangrentas, seus conterrâneos em Amsterdã dedicavam-se placidamente ao cultivo de uma flor exótica que, vinda do Oriente, tornara-se moda entre a burguesia emergente e mais tarde cairia no gosto popular. Em pouco tempo, no entanto, antes mesmo que os conquistadores consolidassem seu domínio na rentável região canavieira tropical, o pacato hobby da jardinagem nos Países Baixos se transformaria em frenética bolsa de apostas em que o lucro prometido parecia, aos olhos dos investidores, ser tão grande quanto o proveniente do açúcar.

Os batavos viam nas tulipas não apenas a flor ornamental que todos vemos, mas também a grande oportunidade de fazer fortuna rápido. Antes mesmo da especulação, os bulbos atingiam preços altíssimos. No início do século 17, variedades mais raras eram aceitas como dotes de casamento ou trocadas por empresas saudáveis. Tulipas como essas, listradas ou em tons mais exóticos, eram desenvolvidas por horticultores que sabiam proteger seu segredo comercial. Mas há muitos tipos de tulipas — praticamente todo o espectro de cores, menos o azul — e a maioria era do tamanho do bolso dos assalariados holandeses, que já ganhavam mais do que seus pares de outros lugares da Europa quando mais um surto de peste reduziu o número de trabalhadores, tornando os sobreviventes mais caros. Para essa classe média, o bulbo da mais simples tulipa era um luxo acessível; não se pensava duas vezes antes de comprá-lo. Demanda, portanto, havia de sobra, como havia também, inicialmente, oferta compatível garantida pela fácil reprodução da flor. Estavam assim criadas as condições para a explosão da mania por tulipas.

No princípio, vendiam-se os bulbos de junho, verão no hemisfério Norte, a outubro, começo do plantio. Quando a mania se intensificou, passaram a ser comercializados antecipadamente, no inverno, para entrega meses depois. Os produtores vendiam algo que ainda não existia. O que o comprador levava era um pedaço de papel que valeria um bulbo quando chegasse a época da arrancadura. Ele podia guardar esse papel e trocá-lo pelo produto, mas podia também passá-lo adiante, e não faltava quem se dispusesse a comprá-lo por um preço que aumentava à medida que se aproximava a primavera. Não demorou para que esse mercado intermediário virasse um fim em si mesmo. "O objeto da compra se tornara papel negociável com data teórica de entrega, como duvidosa letra de câmbio", escreve Simon Schama. Para obter esses papéis, até casas eram hipotecadas. No auge da especulação, os preços duplicavam ou mesmo triplicavam em intervalos de menos de uma semana, numa espiral irrealista que, ao ser assim percebida pela sociedade, selou seu próprio destino. Em 1637, os valores despencaram mais rapidamente do que haviam disparado, arruinando a maioria que não conseguiu sair a tempo da ciranda financeira.

O caso da febre das tulipas é precursor das ondas especulativas que até hoje se sucedem. A escala e o objeto da especulação podem variar, mas a natureza do processo é basicamente a mesma. Isso vai se verificar já na crise seguinte daquele capitalismo ainda embrionário, em que as incríveis peripécias financeiras de um escocês em Paris mostram que, levado pela ambição do lucro fácil, o homem é capaz de acreditar nas histórias mais mirabolantes. O próprio passado do personagem principal dessa história poderia ter servido de alerta. John Law, nascido em Edimburgo, na Escócia, estuda matemática e política econômica em Londres, onde no entanto se destaca mais pelo sucesso com as mulheres e a habilidade no jogo. Mais tarde, a sorte vira, ele perde a fortuna herdada e, num duelo, mata o oponente em circunstâncias que o levam a ser condenado à morte, acusado de assassinato. Foge para Amsterdã, onde se impressiona com as notas emitidas pelo banco da cidade, tão convenientes e confiáveis que valem mais do que metal precioso. Concebe então um esquema para criar dinheiro, que, não obstante considerar genial, não convence os governos aos quais é apresentado.

Com essas credenciais, Law desembarca na França em 1716, logo depois da morte de Luís XIV, o Rei Sol, cujas guerras haviam levado a monarquia à beira da bancarrota. Vulnerável, debilitada financeiramente e sem perspectiva de recuperação imediata, a França parecia apresentar ambiente propício a experimentos heterodoxos. Assim, após contornar a resistência inicial, o escocês recebe do regente, o duque de Orléans, permissão para abrir um banco autorizado a emitir notas. Os papéis são vendidos ao próprio Estado, que por sua vez os utiliza para pagar dívidas, evitando o calote. Como para os credores isso é melhor do que nada, o esquema vinga e provoca grande demanda pelas notas, levando-as a valer mais do que dinheiro na forma de metal, sujeito a desvalorizações constantes.

Em pouco tempo, a liquidez está de volta, ou seja, a economia é novamente irrigada por um tipo de moeda. Há tantas notas em circulação que as pessoas não têm mais o que fazer com elas, mas Law não está desatento a esse detalhe. Com o apoio do governo, leva os franceses à euforia ao vender ações de uma empresa, a Companhia do Mississipi, criada para explorar ouro em Louisiana, na América do Norte, que na época ainda pertencia à França. O dinheiro, no entanto, fica com o governo central em vez de ir para a colônia e dá início a um círculo: o governo paga os credores, que assim podem comprar as disputadas ações de Law, que empresta o dinheiro arrecadado ao governo, completando a volta. Com essa demanda autoalimentada, as fortunas se multiplicam e é então, no auge, que o castelo de cartas começa a desmoronar.

Primeiro, os investidores percebem que o ouro é apenas uma remota possibilidade; a situação piora após uma tentativa canhestra de recuperar a confiança no empreendimento, em que se contratam mendigos para desfilar pelas ruas de Paris carregando pás como se estivessem prestes a embarcar para a travessia do Atlântico em busca do ouro. Depois, desconfiados, os investidores começam a resgatar as notas, trocando-as pelo metal que deveria lhes dar lastro e, quando essa contrapartida se mostra insuficiente, o banco de

Law é vítima de uma corrida que pulveriza o valor de seus títulos, em 1720. O império do escocês, que teve na França poder equivalente ao de um primeiro-ministro e até foi condecorado com o título de duque de Arkansas, não havia durado mais do que a febre das tulipas. Bastou, no entanto, para incentivar armação igualmente extravagante do outro lado do canal da Mancha.

Em Londres, uma empresa recém-criada, a Companhia Mares do Sul, crescia e subia como uma bolha, numa trajetória que logo mais se revelaria escandalosa. A oportunidade surge com a transformação de mais da metade da dívida pública da Inglaterra em ações da companhia, o que é feito em troca de privilégios comerciais. O próprio rei Jorge I envolve-se pessoalmente com a empresa, estimulando a confiança dos investidores, que correm para comprar seus papéis. Em menos de um ano, o capital dos especuladores multiplica-se por dez. A atmosfera de otimismo é contagiante. Na City, o centro financeiro de Londres, pipocam empresas com objetivos os mais esdrúxulos para aproveitar a maré. Uma delas especializa-se em comprar pântanos na Irlanda; outra dedica-se a evitar que cidadãos ingleses sejam vendidos como escravos. Não interessa para que servem; todas encontram compradores para seus papéis.

Em meados de 1720, poucos meses depois de John Law ter saído corrido de Paris, a bolha da Companhia Mares do Sul estoura. Os preços não se sustentam, os privilégios acabam se revelando bem menos vantajosos do que se previa e apura-se ter havido suborno de parlamentares que tinham aprovado o projeto permitindo a transferência da dívida. A ruína, mais uma vez, foi geral e dela não escapou nem o ministro da Fazenda, punido com a destituição de seus ganhos. Do excesso, no entanto, nasceu a austeridade; do clima de bandalheira emergiu o Banco da Inglaterra, que mais tarde se tornaria o primeiro banco central do mundo, cuja conduta na estrita defesa da moeda tem servido, desde então, de parâmetro a autoridades monetárias.

O Banco da Inglaterra já existia desde o final do século anterior, criado com o objetivo de levantar fundos para financiar o governo de Guilherme de Orange, que enfrentava guerras e crise financeira. Disputou espaço com a Companhia Mares do Sul e, com o revés da rival, se impôs aos poucos como única instituição cujas notas eram amplamente aceitas pelo público. Apesar da imagem associada ao rigor, o banco tem sua origem também marcada por uma aventura. Seu fundador, William Paterson, escocês como Law, convenceu o monarca inglês a permitir-lhe captar dinheiro para aplicar no projeto de uma colônia na América Central, tarefa delegada ao banco. Desavenças posteriores entre Paterson e seus sócios o afastaram do negócio, que ele então apresentou aos escoceses.

O projeto revelou-se um desastre. Os investidores perderam todo o dinheiro lá colocado, e não foram os que tiveram pior destino. A região em que a colônia seria implantada, Darién, que liga a América Central e a do Sul, podia ter importância estratégica, mas consistia numa floresta tropical úmida, infestada de mosquitos transmissores de doenças e praticamente despovoada. "Quase todos os 1.200 colonos que zarparam em cinco navios, incluindo a esposa e o filho de Paterson, perderam suas vidas", conta Galbraith em *Moeda: de Onde Veio, para Onde Foi*. O Banco da Inglaterra teve melhor sorte que seu fundador.

Enquanto a Europa, escaldada por bolhas especulativas, começava a se pautar por atitude mais conservadora no terreno monetário, o Novo Mundo, sem ter o que perder, atirava-se a experimentos que, em breve, resultariam num dos mais relevantes desdobramentos da história da moeda: a invenção da cédula de dinheiro, o papel-moeda. Diferentemente do metal, o papel não tem nenhum valor intrínseco. A moeda de metal, se perder todo o valor monetário, ainda pode ser derretida e assumir novas formas que tenham alguma utilidade — o metal precioso da liga vale quanto pesa. Já o papel não tem outro valor além daquele que lhe atribui a sociedade. É de sua natureza, portanto, estar mais sujeito à manipulação, para o mal ou, o que costuma ser menos enfatizado, para o bem. O papel-moeda surge em sua primeira versão moderna no final do século 17 na América, mas o nome mais associado a sua paternidade é o de Benjamin Franklin, que viveu no século seguinte.

Todos conhecem Benjamin Franklin, pelo menos de vista. É aquele senhor encorpado, de testa alta, meio calvo, com os poucos cabelos longos escorrendo sobre uma gola de pele, retratado com o olhar entre enérgico e bonachão no anverso da nota de 100 dólares. Ele ficou famoso por ter inventado o para-raios após constatar, empinando perigosamente um papagaio durante uma tempestade, que relâmpagos têm eletricidade. Não foi sua única invenção. Também criou os óculos bifocais, que mandou confeccionar para uso próprio durante estada em Paris. E, músico amador, concebeu um instrumento, uma versão aperfeiçoada dos já então antigos copos de cristal afinados pela quantidade de água. O copofone (ou "harmônica de vidro"), para o qual Mozart escreveu pelo menos uma peça, um quinteto, teve popularidade até meados do século 19.

Não foi por essas invenções, no entanto, que Benjamin Franklin se tornou uma das figuras públicas mais reverenciadas nos Estados Unidos. Herói da independência, cuja declaração ajudou a escrever, ele é considerado o primeiro norte-americano. Como legislador, atuou nada menos do que como coautor da Constituição de seu país. Diplomata, foi o embaixador de maior prestígio na França pré-revolucionária, a ponto de ter sugerido o mote *Liberté, Égalité, Fraternité*. Franklin destacou-se também como jornalista e dono de jornal. E foi escritor imensamente popular, autor do almanaque mais vendido em seu tempo, em que publicava máximas valorizando a ética protestante. Com todo esse currículo, ele gostava de se apresentar simplesmente como gráfico, ofício que aprendera com o irmão mais velho e no qual se tornara mestre.

A conexão de Franklin com o papel-moeda deve-se, em parte, a sua intimidade com a indústria gráfica. Aos 30 anos, quando editava a *Pennsylvania Gazette*, precisava interromper a produção do jornal para usar as máquinas na impressão de dinheiro, cumprindo assim contrato com o governo colonial. E imprimia papel-moeda não só para ganhar dinheiro, mas também por acreditar na necessidade de um meio circulante que não dependesse nem de metal nem da permissão da metrópole, dois artigos em falta na América da primeira metade do século 18.

Não foi Benjamin Franklin, no entanto, quem inventou o papel-moeda. Foram os chineses, ainda nos primórdios da era cristã. A técnica então usada sobreviveu por mais de um milênio e ainda continuava a mesma no século 13, como testemunhou o famoso viajante veneziano que revelou ao Ocidente muitos conhecimentos da China. "Nesta cidade de Camblau encontra-se a casa de moeda e o banco do Grã-Cã. São tão bem estruturados que se pode dizer que o Grã-Cã conhece o segredo da alquimia." É assim que começa o capítulo sobre dinheiro do livro *As Viagens*, de Marco Polo, que tinha conhecimento privilegiado da vida em palácio. Ele conta: "O rei manda fabricar uma espécie de dinheiro. Manda extrair a casca de uma árvore que se chama amoreira, cujas folhas servem de alimento ao bicho-da-seda. Dessa árvore retiram a casca mais fina e dela faz-se um papel como algodão, porém de cor preta. Dividem-se os pedaços grandes em outros menores, de diferentes tamanhos". Esses papéis, aos quais são atribuídos valores, recebem o carimbo com a rubrica do rei. Se o papel rasga, basta ir ao banco e trocá-lo por outro, mediante pagamento de pequena taxa. "Com este papel fazem-se os pagamentos, pois é válido em todas as províncias, reinos e terras sob o domínio do Grã-Cã, onde ninguém o recusa, sob pena de morte."

Preservar a vida é, sem dúvida, um bom motivo para não se recusar papel-moeda. Mas o mecanismo de ameaça só funciona sob um regime tão forte como o de algumas dinastias chinesas. Na Europa, a aceitação de um papel como meio de pagamento dependia da confiança nele depositada por quem o recebesse, em geral um comerciante. Foi assim com as letras de câmbio surgidas na Itália um pouco depois, por coincidência, da volta de Marco Polo.

E não seria diferente cerca de três séculos mais tarde na América. Só se aceita um papel como moeda se há confiança de poder repassá-lo, e pelo mesmo valor. Esse princípio permanece sempre o mesmo; já o papel que faz as vezes de dinheiro pode ser qualquer coisa, até uma carta de baralho retalhada.

Se fosse hipotético, o exemplo pareceria esdrúxulo. Mas de fato aconteceu. Foi no Canadá, no final do século 17, quando a região ainda pertencia à França, e durou cerca de sessenta anos, muito mais do que seria razoável supor, dada a improvisação do meio circulante. A colônia sofria de escassez crônica de moeda, o que é típico de colônias em geral. As moedas que lá chegavam eram preferencialmente entesouradas ou mandadas de volta a Versalhes para pagar bens não produzidos localmente. A situação se agravou quando, em 1685, um longo e inesperado atraso dos navios fez com que as moedas desaparecessem de circulação. Sem opção, o governador resolveu recorrer à medida extrema: confiscou os jogos de cartas, mandou cortar cada uma delas em quatro e, nos pequenos pedaços, escreveu valores monetários garantidos por sua assinatura. Naipes pretos, os de paus e espadas, podiam valer até 100 libras; os vermelhos, de ouros e copas, até 50 libras.

Apesar das objeções do governo francês, o esquema de emergência funcionou surpreendentemente bem enquanto as cartas eram trocadas por moedas à chegada dos navios. Ou seja, havia um limite imposto pela quantidade de metal que garantia a equivalência de valor entre moedas e cartas. Mas não demorou para que se percebesse que uma emissão maior de cartas tornava a vida mais fácil na colônia, pelo menos por um tempo. O abuso provocou inflação, que num único ano, 1713, chegou a 400%. Cada vez mais desvalorizadas, as cartas deixaram aos poucos de ter aceitação, o que levou ao fim de uma das mais excêntricas experiências monetárias da humanidade.

Não longe dali, nas colônias inglesas ao sul, contornava-se a insuficiência de moeda com artifício mais engenhoso e só aparentemente menos criativo do que o dinheiro de carta. O governo local de Massachusetts, uma das treze colônias, foi pioneiro, em 1690, na emissão do que chamou de notas de crédito — na verdade, dinheiro de papel. No início serviram para financiar expedição militar contra uma colônia francesa no Canadá; mais tarde passaram a circular amplamente, desempenhando todas as funções da moeda, inclusive pagar impostos. Excetuando-se o antecedente chinês, que apesar de longo não teve continuidade, pode-se dizer que o papel-moeda moderno, precursor das cédulas que usamos hoje, nasceu na América. Benjamin Franklin, que viria ao mundo só no início do século seguinte, é considerado o pai do papel-moeda por sua intensa campanha pela causa — sim, causa, porque o papel-moeda contrariava os interesses da metrópole, que exigia que os impostos fossem pagos com moedas de metal. Sua paternidade, portanto, é por adoção.

Os governantes europeus, e o de Londres não fugia à regra, acreditavam que um país seria tanto mais rico quanto mais ouro e prata possuísse. Os metais preciosos eram considerados riqueza em si, não a mera representação da riqueza, conceito que só mais tarde começaria a ser compreendido. Por isso, coerentes com a mentalidade dominante, faziam de tudo para que o metal não saísse das metrópoles. Uma maneira de atingir esse objetivo é vender para o exterior muito mais do que comprar do estrangeiro. Com isso, tem-se o que hoje chamamos de superávit comercial. O saldo positivo acumula-se, aumentando a riqueza da nação exportadora. Outra maneira, mais direta, é simplesmente proibir a remessa de moedas para as colônias.

Londres lançava mão desses e de outros expedientes, estrangulando a economia na América. Essa política econômica tem nome: chama-se mercantilismo. Em parte para contestar esse raciocínio, Adam Smith escreve *A Riqueza das Nações*. Seu ponto de vista, revolucionário para a época, é o liberal: para ele, a riqueza vem do intercâmbio comercial e, portanto, nenhuma barreira deve tolher o livre mercado, cuja mão invisível, na famosa metáfora, se encarrega de corrigir qualquer distorção. É o chamado *laissez-faire*.

Adam Smith e Benjamin Franklin não podiam ser pessoas mais diferentes. Enquanto o dinâmico, poliglota, divertido e sedutor Franklin brilhava em rodas sociais, Smith era um calvinista estóico, hipocondríaco, de hábitos esquisitos como esfregar a cabeça na parede enquanto ditava ao amanuense (ele mesmo escrevia lentamente, com letra grande e infantil). Mas o americano e o escocês pensavam do mesmo modo.

O que, de um lado do Atlântico, Smith defendia na teoria, Franklin, do outro, tentava fazer na prática. Não por coincidência, *A Riqueza das Nações* é publicado quatro meses antes da Declaração de Independência dos Estados Unidos, em 1776. "A ideia de que a época para o lançamento do livro foi planejada para chamar a atenção do Parlamento em Londres e influenciar os membros a apoiar uma resolução pacífica para o conflito na América tem respaldo", afirma Ian Simpson Ross em sua biografia de Smith. Ironicamente, é um ministro da Fazenda próximo de Smith (que fora tutor do enteado do político) que toma a decisão precipitadora da revolução: a imposição, em 1773, de um imposto sobre o chá americano. Embora o objetivo imediato não tenha sido alcançado, a obra, um produto do Iluminismo escocês do século 18, deslocaria o eixo do debate econômico. Smith critica o comportamento das metrópoles que, exercendo o monopólio do comércio externo, sufocam as colônias. "Ele denuncia a mentalidade de lojista do governo da Grã-Bretanha e se coloca, decisivamente, ao lado dos americanos em seu conflito com a pátria-mãe", escreve Ross.

Com o consolo desse apoio intelectual, Benjamin Franklin, que em 1775 tentava sem sucesso sensibilizar a metrópole para a posição dos colonos, dá a missão diplomática em Londres por encerrada, pega o primeiro navio e cruza de volta o Atlântico para se tornar um dos fundadores da América revolucionária. Lá, o Congresso Continental, sem poder para cobrar impostos, lançaria mão da emissão de dinheiro como única opção para financiar a Guerra da Independência, empreitada para a qual Franklin, o gráfico, poderia dar contribuição decisiva.

A experiência pioneira de Massachusetts no final do século anterior ainda estava fresca na memória dos colonos. Se naquela ocasião o artifício tinha funcionado em benefício da metrópole, haveria também de dar certo agora contra Londres. Foi com essa certeza que se autorizou a primeira emissão das novas notas, chamadas continentais. Confeccionado em papel de baixa qualidade, o continental era uma cédula pequena, com a particularidade de ser vertical, e não horizontal como costumam ser as notas (media 6 centímetros por 8, um pouco mais que a metade das notas brasileiras de real). A estampa não deixava dúvida sobre o caráter revolucionário do continental: treze argolas interligadas em círculo, representando a união das colônias, e no centro, o mote: *American Congress We Are One* (Congresso Americano, Nós Somos Um).

A emissão de continentais resultava da necessidade de pagar o exército recém-criado, comprar munição e vencer a guerra. Lastro era a última coisa que poderia interessar aos revolucionários. As pessoas aceitavam receber continentais não por acreditar em sua solidez, claro. Aceitavam-nos por patriotismo, por terem sido persuadidas ou simplesmente por falta de alternativa. Uma resolução do Congresso com data seis meses anterior à proclamação da independência advertia que aqueles que recusassem as notas seriam impedidos de fazer comércio no país. Um ano depois, o mesmo Congresso invertia a lógica natural da economia e acusava os inimigos de aumentar artificialmente o valor do ouro e da prata para prejudicar os continentais. Quer dizer, não era o continental que desvalorizava; eram os metais que tinham seus preços aumentados nominalmente. Com a retórica ora ameaçadora ora sinuosa e o espírito sempre determinado dos revolucionários, não demorou para a inflação aparecer e ser seguida, logo depois, da hiperinflação.

No ano que precedeu a proclamação e nos três seguintes o Congresso autorizou 42 emissões de continentais. Ou seja, praticamente uma vez por mês, em média, jogavam-se no mercado milhões de continentais. A cada uma dessas emissões, as notas perdiam valor. No final, os papéis desvalorizados eram trocados por não mais do que 1% do valor de face em títulos do Tesouro. Foi por causa dessa experiência que a palavra "continental" entrou para o léxico inglês como sinônimo de coisa de pouco valor. *I don't care a continental* significa "não dou a mínima importância"; quando se diz *it's not worth a continental* o sentido é "não vale nada". Essa é uma leitura estritamente monetária do episódio, já que, sem essa atitude irresponsável com o dinheiro, dificilmente a América teria se tornado independente naquele momento. Pode ser irônico que a nação que hoje mais representa a ortodoxia econômica tenha nascido de um pecado monetário original. Mas é natural também: a criatividade no trato com dinheiro costuma estar associada a sociedades emergentes, caso dos Estados Unidos naquela época.

Os continentais tinham seu valor expresso em dólar, mas a moeda oficial com esse nome seria adotada apenas em 1785, dois anos depois de terminada a Guerra da Independência e quatro depois de pulverizadas aquelas notas improvisadas. A própria palavra "dólar" antecipa, em sua história, um elemento de contestação ao domínio inglês. Trata-se de uma corruptela de *thaler*, versão abreviada de Joachimsthaler, nome de uma região na Boêmia de onde se retirava a prata para cunhar uma moeda que, a partir do início do século 16, circulou amplamente pela Europa. O termo aparece em inglês na Escócia, para designar uma moeda que, devido ao desenho no verso, era conhecida como dólar-espada. Ao chamar a moeda deles de dólar, os escoceses procuravam se diferenciar dos ingleses dominadores, que tinham libras. "Assim, desde os primeiros tempos em que foi empregada, a palavra carregava um certo preconceito anti-inglês que muitos colonizadores escoceses levaram para suas novas casas nas Américas", afirma Jack Weatherford em *A História do Dinheiro*. Quanto ao cifrão, teria tido origem na moeda espanhola de 8 *reales*, chamada de "peça de oito", que circulava na América a partir do México. Uma moeda dessas valia 1 dólar e era mais popular nas colônias inglesas do que a própria libra, já que desde o final do século 17 uma lei de inspiração mercantilista proibia a remessa de moedas para as colônias. Do número 8 para o sinal do cifrão, um S, o caminho foi pequeno. Faltavam ainda as duas linhas paralelas que o cortam. Uma versão dá conta de que elas teriam sido incorporadas a partir da imagem das duas Colunas de Hércules, gravada em outra moeda espanhola igualmente popular nas colônias.

A experimentação monetária cedeu lugar, aos poucos, a uma atitude mais conservadora em relação ao dinheiro. Em 1789, quando a Constituição norte-americana entra em vigor, a desconfiança em relação ao dinheiro de papel e a preferência por uma moeda sólida emergem como opinião dominante. Nesse mesmo ano, a criatividade monetária se desloca para o centro de outro furacão político: a Revolução Francesa. A monarquia francesa havia contribuído com a causa dos revolucionários americanos para fustigar a vizinha Inglaterra, com quem andava às turras. Não fora ajuda relevante à América, mas suficiente para complicar ainda mais as finanças domésticas, já abaladas pela extravagância e corrupção de um reino que não cobrava impostos das classes mais privilegiadas, os nobres e a Igreja. É para enfrentar essa situação que, uma vez deflagrada a revolução, a Assembleia Nacional decide cobrir os gastos com a emissão de dinheiro de papel, repetindo, com algumas variações, a fórmula tentada no início daquele século por John Law.

Cinco meses depois da Queda da Bastilha faz-se a primeira emissão de *assignats*, títulos com valor garantido pela eventual venda das terras confiscadas pelo novo governo. Pelo esquema proposto, o resgate seria feito em cinco anos, pagando juros de 5% ao ano. Mais importante do que essa promessa de rendimento, o *assignat* nasce vacinado contra o mal da emissão sem limite; o teto é dado pela própria disponibilidade de terras. Com o atrativo e a garantia, os títulos fazem boa estreia: no primeiro ano, o volume de dinheiro gerado equivale a cerca de dois anos de receita antes da revolução.

Nos primeiros quatro anos, os papéis cumprem sua função: irrigam a economia, geram receita para o governo e não chegam a provocar inflação preocupante. Em 1793, no entanto, a economia torna-se uma das vítimas do Período do Terror, iniciado com a execução do próprio soberano. O descontrole leva ao abandono do padrão monetário observado até então; os preços disparam e emissões cada vez maiores liquidam os *assignats*, que, seis anos após seu lançamento, se reduzem a menos de 1% do valor nominal. Em fevereiro de 1796, máquinas, chapas e papel de impressão dos títulos são queimados e destruídos solenemente diante da multidão na Place Vendôme, em Paris. Nova tentativa é feita em seguida, com os *mandats*, mas esses papéis, desacreditados desde a concepção, saem da gráfica já com poder aquisitivo um terço menor do que o valor de face, e têm vida curta. Nessa altura, no entanto, o papel-moeda já havia cumprido seu objetivo: financiar a revolução.

Uma das heranças monetárias da Revolução Francesa é a disseminação da base decimal. Até então, as subdivisões das moedas eram aleatórias, baseadas em tradições locais, das quais derivavam sistemas intrincados e arbitrários. A base dez, mais simples por natureza, já havia sido usada com o dólar na América independente e, antes disso, na Rússia com o rublo. Os revolucionários franceses, no entanto, revestem de conotação ideológica a base numérica ao traçar um paralelo entre o sistema decimal e a racionalidade que viam no movimento político que acabara com a monarquia. O entusiasmo dos franceses é tão grande que eles resolvem aplicar a base dez a tudo, inclusive à medição do tempo. Assim, a hora passou a valer cem minutos e o minuto, cem segundos. Com a hora maior, o dia só comportava dez horas. Isso causou tanta confusão que o governo voltou atrás; o sistema, implantado em 1793, havia vigorado pouco mais de um ano (o ano, aliás, foi o único intervalo de tempo que continuou dividido por doze durante a revolução; os meses apenas trocaram de nome).

Apesar do fracasso da experiência, os revolucionários franceses não deixavam de ter razão ao implicar com qualquer base numérica não decimal. A conservadora revista britânica *The Economist*, conhecida tanto por ser a bíblia do liberalismo quanto pelo bom humor, raciocinou em editorial: "Se tempo é dinheiro e dinheiro é decimal, então será útil que o tempo também seja decimal". Retomava dessa maneira, em 1987, uma defesa da lógica revolucionária. "Os antigos babilônios já influenciaram por tempo demais. Porque eles tinham fetiche pelos números doze e sessenta, o homem está preso ao relógio de doze horas, à hora de sessenta minutos e ao minuto de sessenta segundos. Em breve, o método babilônico de dividir o dia será caro e inconveniente", previa o texto.

Para a revista, o problema da experiência francesa não tinha sido a lógica, mas a motivação errada, a saber, espicaçar a Igreja, já que, com o novo calendário, ficaria mais difícil identificar os dias santos. O editorial trazia até sugestão de data para a mudança: o início do mês que contém o centésimo dia do ano, Primeiro de Abril. Tratava-se de uma brincadeira, claro, dentro do espírito da imprensa britânica, que tradicionalmente publica artigos do gênero na data. Mas as vantagens da base dez, a que o editorial aludia, são indiscutíveis. Os próprios britânicos, ainda que com defasagem de dois séculos em relação aos franceses, abriram mão do excêntrico sistema monetário de divisões irregulares para adotar, em 1971, a subdivisão da libra esterlina em cem unidades.

A base decimal, que a Revolução Francesa associou a valores democráticos, foi aplicada com sucesso também ao sistema de comprimentos, pesos e volumes. A Assembleia Nacional, a partir de um trabalho encomendado à Academia de Ciências da França, escolheu como unidade de comprimento a décima milionésima parte de um quadrante de um círculo da Terra, aquele que vai do pólo à linha do equador, passando por Paris. Assim, definida a partir de uma unidade física e natural, estaria garantida a imutabilidade da medida, batizada de metro, proveniente do grego *metron*, que significa "medida".

Os outros sistemas de medidas derivam do sistema métrico, com múltiplos e submúltiplos de dez. As Guerras Napoleônicas que se seguiram encarregaram-se de introduzir o sistema em vários países da Europa, ao mesmo tempo em que a Revolução Industrial, ainda no estágio inicial, começaria a impor maior uniformidade de medidas. Ao longo do século 19, os países foram aos poucos convergindo para um sistema mundial de padronização em que a base dez impera.

Enquanto a Europa se preocupava com a divisibilidade da moeda, os Estados Unidos queriam apenas multiplicá-la; havia ali, afinal, mais uma guerra a ser financiada. Em 1861, os Estados Confederados, que tinham se retirado da União no ano anterior, deflagram a guerra contra o governo central dos Estados Unidos. Com interesses econômicos opostos, o Norte industrializado e o Sul agrícola enfrentam-se numa guerra civil de quatro anos em que a moeda, dos dois lados, é uma das primeiras vítimas. Os americanos ainda estavam escaldados com a experiência dos continentais a ponto de, desde aquele desastre monetário, quase noventa anos antes, não ter praticamente havido emissão de papel-moeda. O que havia era uma profusão de notas e títulos emitidos por particulares em variações que se contavam aos milhares. Uma estimativa dá conta de 7 mil tipos de papéis circulando pelo país, sem incluir emissões falsas, da ordem de 5 mil. A maioria dos títulos tinha por trás um dos 1.600 bancos estaduais, mas muitos eram de empresas não financeiras. Comerciantes cunhavam pequenas moedas de cobre, que, além de servir de troco, divulgavam mensagens publicitárias inscritas no verso. O mesmo faziam igrejas, restaurantes, hotéis, empresas de transporte. Tolerava-se a cunhagem particular. A própria Constituição não proibia a atividade e as leis limitavam-se a coibir a falsificação de moedas do governo.

O sistema monetário dos Estados Unidos era caótico. Não se podia concluir com razoável segurança qualquer transação que envolvesse dinheiro sem a ajuda de um diretório das notas válidas no país. É nesse quadro de generalizada confusão que se reintroduz o papel-moeda. As exigências financeiras da guerra não deixavam outra opção. Um ano após o início dos conflitos, a receita do governo central conseguia cobrir apenas pouco mais de um décimo das despesas. Cobrar mais impostos e levantar empréstimos ajudava, mas não resolvia. A saída foi emitir dinheiro; as notas autorizadas pelo Congresso saíram da gráfica pintadas de verde e entraram para a história monetária como *greenbacks*. Até o final da guerra, em 1865, haviam sido postos em circulação 450 milhões de dólares dessas cédulas, sem nenhum tipo de lastro e com o esperado impacto inflacionário: um ano antes do fim da guerra, os preços haviam dobrado em relação ao início da década, enquanto, no mesmo período, os salários subiram a metade. Com a vitória do governo central, o resgate começou, mas a um ritmo lento, determinado pelas restrições financeiras decorrentes da guerra. Só quinze anos depois do fim do conflito a troca foi feita por valor equivalente em moeda de ouro.

Se no Norte, que afinal ganhou a guerra, a população teve sua cota de sacrifício com a política de resgate dos títulos, é fácil imaginar o que aconteceu nos onze Estados Confederados: nunca mais viram o dinheiro pintado com a cor que fosse. Um retrato da desolação no Sul é a cena, em *...E o Vento Levou*, em que Scarlett O'Hara, interpretada por Vivien Leigh, senta-se para conversar com o pai após a devastação infligida pelas tropas do governo central. Depois de um bom trago de uísque, Scarlett olha desanimada uns títulos jogados sobre a mesa, uma das poucas peças que sobraram na sede da fazenda.

— Que papéis são esses?

— Bônus. É tudo que nos restou.

— Que tipo de bônus, papai?

— Bônus da Confederação, claro!

— Oh... Bônus da Confederação... Para que servem?

— Não fale assim, Scarlett.

— O que faremos sem comida e sem dinheiro?

Scarlett tinha razão. Os bônus não valiam nada mesmo e o pai também o saberia, não estivesse já com o juízo perturbado por ter perdido tudo. O artigo mais em falta no Sul eram moedas de ouro, o que fica claro no entusiasmo das senhoras que recebem, em metal sonante, a contribuição para a manutenção de um hospital local. O ouro é tão bem-vindo que mal importa que tenha sido doado por uma prostituta associada a Rhett Butler, a paixão desencontrada de Scarlett, vivido por Clark Gable. Não surpreende a demanda por ouro. Nos quatro anos de guerra civil, os preços no Sul multiplicaram-se por noventa (enquanto os salários subiram apenas dez vezes).

O fim da guerra reunificou o país e dividiu a sociedade entre os que defendiam uma moeda forte e os que queriam prolongar, em tempo de paz, o expediente do *greenback*, ou seja, propugnavam a adoção de uma moeda fraca. No primeiro time estava representada a comunidade financeira do Leste. No segundo agrupavam-se os interessados em preços mais altos, principalmente os agricultores. Grosso modo, os primeiros eram os credores; os últimos, os devedores. Os defensores da moeda fraca chegaram a criar um partido político que, batizado com o nome das próprias notas, para não deixar dúvida sobre seu objetivo, teve alguma projeção, elegendo catorze congressistas antes de entrar em declínio. Uma alternativa aos que queriam esticar a experiência monetária da guerra civil era a cunhagem de prata sem limite, que produzia basicamente o mesmo efeito estimulante sobre a economia — e, por empregar um metal precioso, tinha a vantagem de soar mais respeitável à comunidade financeira.

A história monetária, no entanto, caminharia em sentido oposto e estaria prestes a viver sua experiência ortodoxa mais radical: o padrão-ouro.

5. Do Ouro ao Pó

Metal vai de "suor do Sol" a "relíquia bárbara"; hiperinflações e instabilidades marcam o século

O plano do crime é tão engenhoso que James Bond tira o chapéu para Auric Goldfinger, o bandido que amava ouro. A ideia é entrar numa das fortalezas mais bem guardadas do mundo: o Fort Knox, em Kentucky, nos Estados Unidos, em cujos depósitos à prova de bomba está empilhada em lingotes a maior parte do ouro do país. Uma equipe das indefectíveis garotas bondianas pilotando aviões em formação lança gás paralisante sobre os guardas. Pronto, agora basta abrir o cofre, uma brincadeira para os capangas liderados pelo criado oriental e mudo, mestre em arremessar sua cartola letal; pelo menos não haveria ninguém acordado por perto para atrapalhar. Goldfinger se deleita em antecipar detalhes do golpe ao agente 007, que nada poderia fazer a respeito, preso que estava no haras do criminoso milionário, detentor de uma fortuna em, o que mais?, barras de ouro. Fleumático, saboreando um drinque exótico, Sean Connery, o Bond do cinema dos anos 60, reage com ar *blasé* à exposição, lembrando que seu anfitrião não teria tempo para tirar as mais de 10 mil toneladas de ouro do local antes da chegada do reforço militar. Bem, mas claro que Goldfinger havia pensado nisso. O plano era outro. Ele não tiraria um único lingote do local. Apenas contaminaria todo o estoque com material radioativo, tornando-o inacessível por mais de meio século. A brusca redução da oferta e o consequente desarranjo na economia mundial fariam disparar as cotações do metal. Sua fortuna seria multiplicada por dez de um dia para o outro, "numa estimativa conservadora", prevê satisfeito o malfeitor. Enfim, um golpe tão brilhante quanto o cobiçado metal, reconhece Bond.

O plano dá errado, claro, mas o raciocínio de Goldfinger está certo. Ele age como contraventor e pensa como economista; se há uma lei que respeita é a da oferta e demanda. Uma lei tão antiga quanto o próprio comércio, embora às vezes se tente inutilmente ignorá-la. Os alquimistas, por exemplo, sempre estiveram muito ocupados com fórmulas obscuras e misteriosas para dar a devida atenção a um princípio tão simples. A alquimia, ainda sem se chamar assim, era praticada em várias civilizações desde os tempos anteriores à era cristã. O nome surgiu só no século 12, quando traduções de textos árabes provocaram um *revival* da pseudociência na Europa medieval.

Um dos objetivos aos quais a alquimia está mais associada é a transmutação de metais, como o chumbo, em ouro. Durante muito tempo acreditou-se que isso seria viável. Apenas no século 19 provas científicas descartaram definitivamente a possibilidade. Até então, a alquimia ocupara algumas das melhores mentes. Em Praga, chamada de "a metrópole da alquimia", imperadores dos séculos 16 e 17 patrocinavam os principais alquimistas da época e tentavam combater o charlatanismo, que, dada a conjunção do hermetismo típico da atividade e a predisposição na crença, tinha campo fértil para prosperar.

Talvez o melhor indício do prestígio alcançado por essa arte seja o benefício da dúvida lhe concedido, já no século 18, pelo maior expoente do racionalismo científico, sir Isaac Newton. Para ele, não custava tentar obter ouro a partir desse tipo de experimento. Mais conhecido como matemático e fundador da física moderna, Newton também era enfronhado em assuntos monetários. Atuou dos dois lados do balcão, defendendo a moeda e especulando. Já cientista famoso, foi diretor da Casa da Moeda inglesa, onde contribuiu para duradoura reforma monetária no país. Como investidor, não teve a mesma visão. Na bolha da Companhia dos Mares do Sul, que levou à ruína financeira muitos de seus contemporâneos, dobrou sua fortuna apenas para em seguida vê-la pulverizada, tudo em questão de meses.

Essa intimidade no trato de assuntos monetários, no entanto, foi insuficiente para alertar Newton para o fato de que o eventual sucesso da arte de criar ouro traria em si o germe da destruição do valor do metal. Se num passe de mágica o mais precioso dos metais se tornasse tão abundante quanto o chumbo, então ficaria privado, ato contínuo, de uma das qualidades que o fazem ser cobiçado, a saber, a própria raridade. A menos — e essa talvez fosse a esperança de Newton e dos soberanos que estimulavam a alquimia —, a menos que o segredo da transmutação não vazasse e se produzisse ouro com parcimônia, mas essas são duas condições que, considerada a fraqueza humana, provavelmente não teriam sido observadas por muito tempo.

Um iluminista da geração seguinte, o abade italiano Ferdinando Galiani, já defendia essa linha de argumento. "O que se sabia desde o começo, e que não se quis admitir, é o equívoco do próprio objetivo da alquimia", afirma no livro *Da Moeda*, escrito em meados daquele século. "Se todo o ferro imaginável pode transformar-se em ouro verdadeiro e perfeito, então, ao dizer ouro apresentar-se-á a mesma ideia que hoje se apresenta à nossa mente quando se diz ferro." E se assim é, plano por plano, o de Goldfinger, descontada a divertida implausibilidade do roteiro, parece melhor.

A história do ouro é bem mais antiga que a do dinheiro. As primeiras peças de que se tem notícia, encontradas no Egito e na Mesopotâmia, datam de 4000 a.C. Até a época de Cristo, o Egito foi o grande centro produtor do metal, mas há utensílios antigos achados na Europa, na Ásia e até na América, onde a civilização mais tarde chamada de inca trabalhava o metal já em 2000 a.C. Os povos da Antiguidade produziam variada gama de objetos de decoração, joias para enfeitar da cabeça aos pés mulheres e homens poderosos, armas para os mais valentes príncipes. Havia de tudo, menos moedas. Estas, como vimos no capítulo 2, vão aparecer só no século 7 a.C.

Desde o início, antes mesmo da tecnologia do refino e da metalurgia, quando pepitas eram moldadas a marteladas, o ouro sempre exerceu profundo fascínio sobre o homem. A cor e o brilho intensos, a altíssima resistência à corrosão, a grande maleabilidade, o fato de ser encontrado em estado natural, a própria raridade (estima-se que haja apenas cinco quilos de ouro para cada milhão de tonelada métrica da crosta terrestre), tudo contribuiu para enobrecer o metal dourado que os incas chamavam poeticamente de "suor do Sol".

A atração pelo ouro é assunto da literatura desde seu momento inaugural. Na *Ilíada*, épico do século 8 ou 9 a.C. atribuído a Homero, o mais antigo dos poetas gregos, há várias referências ao metal em meio às detalhadas descrições da carnificina nas batalhas da Guerra de Troia. Protegido por uma armadura e um escudo trabalhados em ouro maciço, Aquiles enfrenta seu inimigo, Heitor, em quem despeja toda sua ira. A pedido de Tétis, mãe do herói, o escudo é confeccionado por Hefaísto, um deus coxo e hábil ferramenteiro. Nele estão gravadas figuras inspiradoras de heroísmo, como os deuses "altos e belos, armados tal como convém aos eternos / de ouro ambos eram e de ouro, também, os luzentes vestidos". Tudo reluzia no trabalho do armeiro. Depois do escudo, "fez a couraça, de brilho mais forte que os raios do fogo, / o elmo, com ricos lavores, mui sólido e belo, que às fontes / bem se ajustasse, provido de uma áurea e luzente cimeira". Assim protegido, Aquiles mata Heitor, infligindo ao corpo do adversário sinistro tratamento, como conta o poema: "Furou os tendões de ambos os pés, do calcanhar ao tornozelo, e atravessou-os por tiras de couro de boi, que amarrou em seu carro, para que a cabeça fosse arrastada. Subiu ao carro, sustentando a gloriosa armadura, e chicoteou os cavalos fazendo-os galopar", de acordo com uma tradução em prosa.

Associado a heroísmo e divindades, o ouro, no tempo da Guerra de Tróia, também já representava riqueza, mas ainda não era moeda, como se depreende da leitura do mesmo poema. No vigésimo terceiro e penúltimo livro, o autor menciona os prêmios de uma luta livre, avaliados não em quantidade de metal, mas em gado: "Para o vencedor, um grande tripé, para ser colocado sobre o fogo, que os aqueus calculavam valer doze bois; para o vencido, uma mulher, bem hábil nos trabalhos caseiros, que calculavam valer quatro bois". (Abra-se parêntese, aliás, para esclarecer que não era idiossincrasia desse povo grego antigo usar bovinos como medida monetária. Ao contrário, a prática era tão comum que se cristalizou na raiz etimológica da palavra "pecuniário", que significa "relativo a dinheiro"; a origem é o termo latino *pecuniariu*, que quer dizer "riqueza em gado".)

O ouro também é citado com alguma freqüência na Bíblia, e desde o começo, ou seja, desde os primeiros parágrafos do Gênesis, antes mesmo de Adão e Eva serem apresentados ao leitor. Ao descrever o paraíso recém-criado, o texto faz referência a um dos quatro braços de um rio que rega aquele lugar de delícias e torneia todo o país de Evilate, onde nasce ouro. O Antigo Testamento não se furta a um juízo de valor: "e o ouro desta terra é excelente", está escrito, apesar de, na ausência de parâmetros, o critério ser apenas impressionista. A pureza do ouro, como se sabe, mede-se em quilates. O metal totalmente puro tem 24 quilates. Nessa escala, o ouro de 18 quilates, muito usado em joias, constitui uma liga com grau de pureza de 75%. De qualquer maneira, na Bíblia, em que pese a avaliação, não é esse evidentemente o enfoque que interessa. O chamado texto sagrado costuma mencionar o metal precioso para lançar alertas contra a cobiça ou a adoração de ídolos, como o bezerro de ouro, na conhecida passagem do Êxodo. Preocupado com o sumiço de Moisés, o povo pede a seu irmão, Aarão, que arranje um novo líder que o conduza na caminhada do Egito a Canaã. Aarão, bem falante a ponto de ter tido indicação divina para ser porta-voz de Moisés, apresenta uma proposta inusitada. Sugere que se recolham os brincos de ouro das mulheres e crianças e, feito isso, funde o metal num molde de bezerro, obtendo uma estátua que é a representação de Javé, o Deus de Israel. Ao descer da montanha, Moisés presencia a festa que o povo faz para o ícone no altar improvisado e se enfurece. Sua reação é violenta: "Pegando no bezerro, lançou-o no fogo, e o reduziu em cinza, que lançou na água, e fez que dela bebessem os filhos de Israel", diz a Bíblia, abusando da licença poética, pois sob aquela temperatura o ouro teria, claro, apenas derretido novamente.

A cólera de Moisés tinha mais a ver com o bezerro, ou qualquer que tivesse sido a imagem, do que propriamente com o material usado, mas, diante da objeção do cristianismo à ambição pela riqueza material, parece significativo que a estátua fosse feita justamente do metal mais associado à condenável ganância. Por isso, talvez não seja de todo impróprio inverter o sinal da parábola e transportar aquele símbolo para o universo secular, onde, na forma de simples lingote, o ouro passaria a ditar regras estritas sobre o uso do dinheiro, como um deus mundano. Dito assim, pode soar estranho, mas não foi isso mesmo o que acabou acontecendo? Não é essa idolatria um componente de base do padrão-ouro? A reverência ao mais nobre dos metais — seja por suas qualidades, por fetichismo ou por uma combinação de ambos, não importa — representou um dos sustentáculos do sistema monetário de regras particularmente rígidas.

A ideia de um padrão-ouro surgiu no início do século 19 a partir de uma campanha promovida na Inglaterra pelo economista

David Ricardo, que, ao contrário de muitos de seus pares, entendia de dinheiro na prática — filho de investidores judeus, já aos 14 anos começou a trabalhar no mercado financeiro da City de Londres, e fez tanto sucesso na carreira de especulador que se aposentou aos 42 anos, após acumular vasta fortuna. O padrão-ouro, que implica estabilidade monetária, seduziu corações e mentes dos conservadores ingleses. Pelo sistema, o banco central ficava obrigado a entregar ouro em quantidade ilimitada e por um preço fixo a qualquer um que quisesse trocar suas notas de papel-moeda. Ou seja, teoricamente o governo não podia emitir dinheiro quanto quisesse, mas só até o teto equivalente ao ouro em reserva. Como essa dura disciplina restringe a capacidade de financiamento do poder público, é compreensível que a proposta de Ricardo, apresentada num momento em que o país se via obrigado a levantar fundos para enfrentar os exércitos de Napoleão, não tenha sido imediatamente colocada em prática, o que só aconteceu em 1821, após o fim da guerra e dois anos antes da morte do economista.

A introdução do padrão-ouro na Inglaterra foi uma experiência pioneira e, durante algum tempo, localizada. Os demais países importantes da época — França, Alemanha e Estados Unidos — só adotariam o sistema meio século mais tarde, seguidos então por muitos outros, entre eles o Brasil, como se verá no próximo capítulo. A época, vá lá, áurea do sistema é muito curta: vai do final da década de 1870 ao início da Primeira Guerra Mundial, em 1914. Nesse período, o ouro funcionava como instrumento de coordenação da atividade econômica entre países, o que só se tornava possível porque as taxas de câmbio eram fixadas com base na quantidade do metal precioso existente em cada reserva nacional. Eventuais variações de câmbio faziam o ouro migrar de um país para outro, de acordo com a conveniência dos investidores, mas tratava-se de movimentos pendulares, que tendiam ao equilíbrio, alcançado quando as taxas voltavam ao patamar de origem.

Um exemplo hipotético, resumido do livro *Economia Monetária*, de Ronald Hillbrecht, ajuda a compreender esse mecanismo autorregulador. Imagine que na Inglaterra o câmbio fosse de 1 libra esterlina por onça de ouro e na França a taxa de conversão fosse de 2 francos por onça. Assim, um franco valeria meia libra, certo? Suponha agora que o franco se valorizasse. Um importador inglês que costumasse comprar 100 libras em vinho francês teria agora que se contentar com menos garrafas porque seu dinheiro valeria menos do outro lado do canal da Mancha, certo? Não necessariamente. Ele poderia, em vez de trocar libras por francos, comprar ouro. Pela taxa de conversão, teria 100 onças, que, remetidas para a França, renderiam os mesmos 200 francos de sempre, com o que ele compraria a mesma quantidade de vinho. A valorização do franco, portanto, provoca nas reservas de ouro da França um aumento proporcional à redução das reservas inglesas. Com mais ouro, a França pode emitir mais dinheiro e, em consequência, os preços sobem, provocando inflação, o que desvaloriza o franco, empurrando a cotação de volta à paridade inicial com a libra. Essa estabilidade proporcionada pela eliminação da incerteza cambial era altamente estimulante para o comércio internacional. Assim, é natural que se pergunte: por que, então, não se adotou antes o padrão-ouro? E por que se abandonou tão depressa o sistema?

O padrão-ouro surgiu logo após o metal ter aparecido em quantidade suficiente para abastecer reservas em vários países. Até meados do século 19, era a prata, mais abundante, o metal preferido nos sistemas monetários. Durante um período, o mundo hesitou entre os dois metais preciosos, criando temporariamente o que se chamou de bimetalismo, ou seja, um padrão monetário duplo. O ouro prevaleceu, passando a ter importância monetária no mundo moderno com a descoberta das minas norte-americanas em 1848, que provocou a famosa corrida para o Oeste, episódio fartamente explorado pelo cinema de Hollywood. Em seguida, vieram as minas da Austrália e da África do Sul, cujo impacto na oferta foi potencializado pelo aperfeiçoamento de um processo de extração mais eficiente, capaz de obter o metal a partir de minérios de baixo teor. Antes dessas descobertas, a produção mundial de ouro era relativamente pequena, a ponto de a extração no Brasil no século anterior ter respondido por mais da metade do total no período.

Quanto às razões da curta duração do padrão-ouro, estão relacionadas às suas desvantagens e a circunstâncias históricas. De fato, o sistema forçou governantes a conter despesas insustentáveis e ajudou o comércio internacional, mas havia contrapartidas a esses aspectos positivos, como a submissão do crescimento das economias à oferta de ouro, ou seja, a expansão ficava condicionada à produção de maiores quantidades do metal. Não foi por outro motivo que, mais tarde, o economista lorde Keynes, sobre cujas aventuras intelectuais e sexuais ainda se falará neste capítulo, chamaria o ouro de "relíquia bárbara". Além disso, um sistema econômico mundial sob uma coordenada monetária única significava que, em caso de depressão, nenhum país estaria a salvo. Mas o que determinou a suspensão do padrão-ouro pleno não foram suas inconveniências, e sim a guerra.

Com a eclosão da Primeira Guerra Mundial, em 1914, os países beligerantes tiveram que emitir dinheiro sem lastro para fazer frente aos gastos militares, não podendo mais, portanto, garantir a troca de papel-moeda por ouro. A situação agravou-se pelo fato de grande parte do ouro ter migrado para os Estados Unidos para pagar os armamentos lá fabricados. Nos quatro anos da guerra, a reserva norte-americana em metal nada menos que dobrou, provocando desequilíbrio que se provou desastroso para o padrão-ouro. Abalado, o sistema manteve-se precariamente só nos Estados Unidos, valendo apenas para efeitos domésticos.

O padrão-ouro teve, no entanto, uma sobrevida. Terminada a guerra, não mais havendo metal suficiente para permitir emissões de dinheiro que irrigassem as economias, adotou-se o padrão--câmbio-ouro, que, com um mecanismo ligeiramente diferente, tinha o mesmo objetivo do sistema original. Nessa variação, a obrigatoriedade das reservas em ouro foi flexibilizada: o lastro podia ser dado por outras moedas conversíveis em ouro, como era o caso do dólar e da libra esterlina, as duas unidades monetárias dominantes do período. Desse modo, com economias fortemente interligadas e sujeitas a regras estritas, o mundo caminhou, próspero e confiante, para a mais desoladora crise já vivida pelo capitalismo.

O vigor que se imaginava perene acabou em 24 de outubro de 1929, a Quinta-Feira Negra, quando, depois de anos seguidos de altas espetaculares, as ações começaram a despencar na Bolsa de Nova York. Dali em diante houve uma quebradeira de empresas que só se agravou nos anos seguintes. Em 1929, enquanto investidores que perderam tudo suicidavam-se às dezenas, mais de seiscentos bancos fecharam, número que dobrou em 1930 e dobrou novamente em 1931.

Depois do auge da crise, quatro anos mais tarde, quase um terço dos bancos norte-americanos havia desaparecido. O desemprego, antes pequeno, bateu em um quarto da força de trabalho, atingindo quase 13 milhões de pessoas. Em casa, sem ter o que fazer, os americanos procuravam passar o tempo sem gastar o dinheiro que não tinham. Daí o sucesso do jogo *Monopoly*, criado em meio à crise, que mais tarde chegaria ao Brasil como *Banco Imobiliário*. Seguindo as regras e o objetivo do jogo, os participantes brincavam de fazer o que não podiam fazer de verdade: acumular riquezas.

Eram tempos bicudos, claro, mas não se deixou de ouvir *charleston*, e o humor dos desesperançados, rindo da própria desgraça, sem terem mais o que perder, fazia contraponto ao fracasso do sonho americano, como notou Arthur Miller na peça *The American Clock*, um *vaudeville* sobre a vida possível na depressão que se seguiu ao *crash*. "O caos mostrou a impotência de soluções individuais diante de uma crise tão devastadora", escreveu o dramaturgo na introdução do texto. Miller tinha 14 anos na época da quebra da Bolsa e se lembra do que as pessoas comentavam. "O dinheiro é como um pássaro assustado. Ao menor farfalhar das folhas ele voa para outra árvore", diz um personagem.

A árvore de 1929 era Wall Street, a rua em Nova York que até hoje é sinônimo da Bolsa de Valores. Os preços das ações haviam inchado nos anos anteriores em grande parte por causa dos bancos, que emprestavam o dinheiro da especulação. Foi isso o que determinou a extensão da crise: os investidores perderam não apenas tudo o que tinham, mas também o que não tinham, provocando falências em cascata. E tudo sob o olhar complacente da autoridade monetária que havia sido criada na década anterior justamente para zelar pela moeda do país.

A crise de 1929 foi o primeiro grande teste do Fed, como é conhecido o banco central dos Estados Unidos, Federal Reserve System, por extenso. O Fed fez tudo errado, de acordo com a interpretação que Galbraith ajudou a fixar. Enquanto as ações se valorizavam, não tentou conter o otimismo desenfreado. Ao contrário, serviu como fonte de recursos para os bancos, que depois os repassavam aos especuladores. Quando os preços das ações começaram a desabar, e aí sim os empréstimos eram necessários, o Fed fechou as torneiras, temendo os efeitos inflacionários da crise. Os bancos, enfrentando a inadimplência e sem poder recorrer a um emprestador de última instância (um dos papéis de um banco central), foram quebrando um atrás do outro. Com isso, o dinheiro sumia.

Cada banco que fechava significava não apenas a perda dos depósitos, mas o estrangulamento de um dos modos de criar dinheiro, que é o empréstimo. Da mesma forma que na Itália medieval o dinheiro se multiplicava com a criação das primeiras casas bancárias, agora se pulverizava com a quebra dos bancos. Começava o que ficaria conhecido como a Grande Depressão dos anos 30. A propósito do termo, Galbraith lembra que as designações das adversidades que marcaram os ciclos do capitalismo tornam-se cada vez mais eufemísticas. O primeiro infortúnio, no século anterior, foi chamado de "pânico", mas, como a expressão tinha conotação muito forte, passou-se a usar "crise", suavizada mais tarde para "depressão", por sua vez substituída por "recessão" e finalmente por "reajuste". Outro modo de se referir ao antigo pânico, ele brinca, teria sido "correção de crescimento".

Chame-se como se quiser os eventos de 1929, o fato é que seus reflexos no mundo todo foram ruinosos. De uma hora para outra, as fábricas não tinham mais para quem produzir; o consumo de massa, fenômeno ainda recente, sucumbia diante da vertiginosa queda da renda. Foi, nesse sentido, uma crise de abundância, em que produtos sobravam nas fábricas, nas prateleiras, nos campos, sem encontrar consumidores. O Brasil não escapou. Nos países ricos, o consumo de café, então principal produto da pauta brasileira de exportação, caiu tanto que levou o governo a queimar parte dos estoques, numa tentativa de, ao limitar a oferta, conter a queda das cotações que ameaçava os produtores. Mas foi na Alemanha, devido aos desdobramentos políticos da depressão econômica, que os efeitos de 1929 se mostraram mais perversos: lá, a crise abortou uma incipiente recuperação, o que acabou criando as condições que favoreceram o surgimento do nazismo.

A Alemanha ainda estava abalada pela lembrança da hiperinflação da primeira metade da década, consequência da conta que teve que pagar aos vencedores, a título de reparação, por ter causado a Primeira Guerra Mundial. A indenização, nos termos do Tratado de Versalhes, superava em muito a capacidade de pagamento do país. Ao começar o desembolso, a economia desmoronou e a moeda, já combalida pela forte alta dos preços, foi aniquilada de vez. No final da guerra, em 1918, 1 dólar valia cerca de 4 marcos; em novembro de 1923, chegou a 4,2 trilhões de marcos, número que, expresso em algarismos, teria inacreditáveis treze dígitos enfileirados. As cifras eram tão astronômicas que se tornou quase impossível calculá-las; as máquinas não conseguiam imprimir os dois lados das notas, tal o volume de trabalho; transportava-se o dinheiro das compras em carrinhos de mão; as pessoas queimavam maços de cédulas sem valor para alimentar fornos — era, enfim, o padrão-cinza, para resumir numa imagem o caos da hiperinflação. E então, de repente, no dia 20 de novembro de 1923, estancou-se o processo: todos os zeros foram cortados, o novo marco teve seu valor baseado num ativo físico, a terra, e uma perspectiva se abriu, reforçada em seguida por um empréstimo dos Estados Unidos para que a Alemanha voltasse ao padrão-ouro. Os efeitos da crise de 1929 pegam a Alemanha exatamente nesse momento de tênue esperança.

Sem emprego, sem renda e agora também sem nenhuma perspectiva, os alemães fundiam-se na massa que passou a ouvir o discurso xenófobo, radical e totalitário de Adolf Hitler, o que levou à ascensão do partido nazista em 1933. Os judeus já eram alvo de campanhas difamatórias desde os tempos da hiperinflação, associados a ganhos obtidos pela exploração das dificuldades alheias; segundo os antissemitas, eles compravam, por ninharia, o que os mais necessitados precisavam vender para sobreviver.

A estreita conexão entre antissemitismo e hiperinflação é estabelecida pelo escritor Elias Canetti, ele próprio judeu, que, durante esse período, era um jovem de menos de 18 anos residente em Frankfurt. Em sua autobiografia, Canetti registra sua impressão sobre o impacto da sandice dos preços na sociedade: "O que desabou sobre as pessoas era mais do que uma desordem, era como explosões diárias. Aquilo que sobrava de uma explosão ficava exposto à do dia seguinte". Diante da importância que os adultos davam à inflação ele reagia como um adolescente defensivo, assustado, sensível: "Para me afirmar diante dos parentes apegados ao dinheiro, simulei a virtude um tanto ingênua do desprezo ao mesmo. Considerei-o como algo enfadonho, monótono, que não oferecia nenhuma vantagem espiritual, e deixava cada vez mais secos e estéreis os que se entregavam a ele. Então, de repente, o vi por outro lado, um lado pavoroso — um demônio com açoite gigantesco, com o qual batia em todos, alcançando as pessoas em seus esconderijos mais secretos".

A imbricação das moléstias monetária e social só seria exposta mais tarde, em 1960, quando, já escritor maduro e consagrado (embora o Nobel de Literatura viesse só no início dos anos 80), Canetti publica o ensaio em que reexamina a experiência da juventude. A linha de argumento é que os indivíduos se desvalorizam junto com a moeda em que confiavam quando ela, vítima da inflação, perde sua identidade. Esse processo multiplica-se por milhões que nada valem, sejam milhões de pessoas ou de unidades monetárias. "Todos têm um milhão e todos são nada", afirma em *Massa e Poder*, um estudo sociológico sobre o comportamento da multidão.

A originalidade da abordagem merece a reprodução, com algumas supressões, do trecho em que a tese é apresentada: "A tendência natural [do indivíduo, depois de reduzido pela inflação] é encontrar algo que valha ainda menos, algo que se possa desdenhar na mesma medida em que se foi desprezado. O que se necessita é um processo dinâmico de *aviltamento*: há que se tratar algo de forma que ele valha cada vez menos, semelhantemente ao que ocorre com a unidade monetária durante a inflação, e esse processo tem de prosseguir até que seu objeto seja reduzido a um estado de completo desvalor. O objeto que Hitler encontrou para tanto, durante a inflação alemã, foram os judeus. Estes pareciam feitos sob medida: sua longa conexão com o dinheiro, sua tradicional compreensão de seus movimentos e flutuações, sua destreza em atividades especulativas, sua afluência às Bolsas — tudo isso só podia fazê-los parecer dúbios e hostis, numa época impregnada de suspeição, instabilidade e hostilidade do dinheiro. O judeu, como indivíduo, era 'ruim': ele se dava bem com o dinheiro quando ninguém mais entendia do assunto. Se a inflação tivesse se limitado a provocar processos de desvalorização nos alemães como *indivíduos*, despertar o ódio contra determinados judeus teria bastado. Mas não foi isso que ocorreu; também na qualidade de *massa* os alemães sentiram-se humilhados com a queda de seus milhões. Hitler, que possuía uma clara percepção disso, voltou sua atuação contra a totalidade dos judeus".

Poupanças eram dizimadas no período, principalmente a das classes média e baixa, com maiores dificuldades para proteger o patrimônio. O historiador Eric Hobsbawm conta, em *Era dos Extremos*, que quando venceu a apólice de seguro de seu avô durante a hiperinflação austríaca, que antecedeu a alemã, ele sacou uma grande soma em moeda desvalorizada "e descobriu que ela dava apenas para tomar um drinque em seu café favorito".

Especular naqueles tempos, portanto, não era para qualquer um, que o diga John Maynard Keynes, que, apesar do brilhantismo de suas formulações, reconhecido até por adversários, perdeu uma fortuna que quase o arruinou apostando, na hora errada, contra o marco. Keynes foi uma das principais vozes que alertaram para as consequências do Tratado de Versalhes e, como não lhe dessem ouvido na Europa, tentou ao menos ganhar dinheiro investindo coerentemente com sua previsão. A análise estava certa, mas seu ataque especulativo foi desferido pouco antes de a situação econômica alemã degringolar.

Maynard, como os amigos o chamavam, não era um economista ortodoxo, a começar pelo estilo pessoal. No início do século, integrante da elite intelectual da Universidade de Cambridge, na Inglaterra, tornou-se um dos expoentes do Grupo de Bloomsbury, assim chamado em referência ao bairro de Londres até hoje famoso porque era lá que jovens artistas mais tarde célebres, como a escritora Virginia Woolf, promoviam tertúlias literárias em que, além de conceitos esteticamente revolucionários, nasciam triângulos amorosos — para escândalo de uma sociedade ainda encharcada da moral vitoriana que, havia pouco tempo, condenara o dramaturgo Oscar Wilde pela prática do "amor que não ousa dizer seu nome". Depois de muitos relacionamentos descompromissados, inclusive homossexuais, Keynes se casou, chocando mais uma vez os conservadores: sua mulher era linda, russa e bailarina, perfil muito distante do idealizado por seus pares aristocráticos egressos de Eton, a mais prestigiosa escola particular inglesa.

Não era o modo de vida de Keynes, no entanto, que incomodava; eram suas ideias. Além de implicar com o padrão-ouro, como visto, ele também não gostava da hipótese de que o mercado deveria ser a única força reguladora da economia, o principal bastião do liberalismo. Defendia uma política de intervenção do Estado que não apenas aumentasse a oferta de moeda, resultado da criação deliberada de déficits públicos, mas garantisse o seu gasto efetivo, combatendo assim o desemprego. Não que a ideia fosse totalmente nova. O próprio Hitler adotara sistema similar em meados da década de 30, o que permitiu à Alemanha emergir da depressão antes dos outros países. A grande contribuição de Keynes foi dar consistência teórica a essa política, o que o tornou um dos economistas mais influentes nas décadas seguintes.

Nos Estados Unidos, o *laissez-faire* foi abandonado em 1933 pelo presidente Franklin Roosevelt, que, nos primeiros cem dias de governo, estabeleceu as bases do New Deal, um programa de investimentos públicos que se estendeu, com resultados positivos mas modestos, até o início da Segunda Guerra Mundial, em 1939. Também com o objetivo de estimular a economia, o padrão-ouro, que havia sido restaurado, foi novamente suspenso, para inquietação dos liberais, entre eles os então jovens economistas austríacos Joseph Schumpeter e Friedrich von Hayek, que emigraram para os Estados Unidos traumatizados pela hiperinflação em seu país.

(Hayek ficaria mais conhecido nos anos 80, quando seu programa liberal serviu de base para a revolução conservadora da primeira-ministra britânica Margaret Thatcher, modelo exportado depois para muitos países, Brasil inclusive.)

Apesar do medo da inflação, os preços não disparam antes da guerra, em parte porque o desemprego continuava alto (17% da força de trabalho em 1939). Foi só com o forte aumento das despesas militares que os efeitos da política keynesiana apareceram em sua totalidade. Em 1942, um ano após o ataque japonês a Pearl Harbor, que forçou a entrada dos americanos na guerra, o desemprego praticamente desapareceu com a expansão da produção e, antes que a inflação despontasse, decidiu-se adotar o controle de preços, entregue a um gabinete chefiado por Galbraith, um americano nascido no Canadá que se tornaria príncipe herdeiro do keynesianismo e, nos anos 60, influente conselheiro do presidente John Kennedy. Findo o controle, em 1945, os preços, como era de se esperar, subiram substancialmente, o que para uns prova que o controle não serve para nada e para Galbraith evidencia o contrário: que sem o controle a inflação pós-guerra teria sido ainda maior.

Antes do fim da guerra, Keynes desempenhou papel importante na criação do Fundo Monetário Internacional e do Banco Mundial, criados nas conferências de Bretton Woods, em 1944. Foi sua última contribuição. Já então sofrendo de problemas cardíacos e extenuado pelo trabalho intenso, morreria logo em seguida, em 1946, sem ter tido o desgosto de ver aquelas instituições transformadas em instrumento de aplicação de políticas ortodoxas. Na época, o acordo entre as nações signatárias assegurou um mecanismo de cooperação monetária com o objetivo de estabilizar as taxas de câmbio e, com isso, reduziu-se o papel do ouro nas transações internacionais. (Em 2009, mais de sessenta anos após sua morte, Keynes seria reabilitado, com a adoção, pelo recém-empossado presidente americano, Barack Obama, de medidas de estímulo ao gasto público como forma de enfrentar a crise financeira iniciada em 2008 nos Estados Unidos e que levaria a uma recessão global.)

O padrão-ouro, que nunca mais havia recuperado o prestígio de antes da Primeira Guerra Mundial, foi definitivamente enterrado em 1971, quando o presidente Richard Nixon desvinculou o dólar do metal, decisão motivada pela necessidade de financiamento da Guerra do Vietnã. Com dificuldade em arrancar do Congresso recursos orçamentários suficientes para custear uma guerra impopular, o governo americano recorreu a empréstimos, que, ao aumentarem a circulação de dinheiro, acabaram provocando inflação. Sem a disciplina monetária imposta pelo ouro e com o fim do parâmetro dado pelo acordo pós-guerra, a emissão de dólares foi facilitada, corroendo o poder aquisitivo da moeda mais importante do planeta naquele momento. O mundo entrava agora numa fase de taxas de câmbio flutuantes, marcada pelo signo da incerteza presente na instabilidade global que iria perdurar até os últimos anos do século.

A partir dos anos 70, as moedas passam a ser totalmente fiduciárias, quer dizer, dependentes apenas da confiança que as sociedades depositam nelas. O termo, de origem remota, vem dos tempos em que a atividade dos banqueiros ainda era desempenhada por ourives que emitiam recibos pelos depósitos em ouro. Esses papéis, antes de resgatados, circulavam como se fossem dinheiro. Procurando tirar vantagem dessa situação, alguns deles começaram então a emitir títulos mesmo sem ter o depósito em ouro correspondente. A aceitação dependia da confiança que o emissor merecesse. Mais tarde, em meados do século 19, uma lei inglesa estabeleceu um teto para a emissão de notas bancárias não garantidas por ouro.

Hoje, qualquer papel-moeda não lastreado em ouro chama-se moeda fiduciária. Quando o valor da moeda fiduciária, estabelecido pelo governo ou pelo mercado, é considerado adequado e realista, as coisas caminham bem. Aceitamos uma moeda em pagamento sem preocupação, se temos a expectativa de poder repassá-la amanhã pelo mesmo valor. Mas nem sempre é assim. Suponha que um sujeito não acredite que uma moeda xis vai manter seu valor por muito tempo. O que ele faz? Vende-a enquanto é tempo e compra outra em que confia — dólar, por exemplo. Se o sujeito for um jogador, então faz mais: toma empréstimo para reforçar sua aposta. Se muitos fazem a mesma coisa, ou seja, se há um consenso no mercado financeiro de que a moeda xis está insustentavelmente sobrevalorizada, então desencadeia-se o que se chama de ataque especulativo. Nesse momento, todos passam a vendê-la, acuando o governo, que se vê em apuros ao tentar desempenhar o papel de defensor da moeda nacional.

As moedas fracas, aquelas aceitas apenas nos países em que são emitidas, costumam ser as principais vítimas dos ataques especulativos. Mas mesmo uma moeda forte pode ser derrubada por uma única pessoa que, além da análise correta, tenha o devido poder de fogo. Exagero? Absolutamente, não. Foi exatamente isso o que aconteceu no início dos anos 90, quando o megaespeculador George Soros enfrentou e derrotou o poderoso Banco da Inglaterra apostando na desvalorização da libra esterlina, o que lhe rendeu a nada desprezível quantia de 1 bilhão de dólares. Se isso pode acontecer com a libra, que dirá com aquelas frágeis moedas de vida efêmera que duram enquanto dura determinado plano de estabilização. Para não começar falando do real, veja-se o caso do dinheiro da Indonésia, a rupia, nome que tem origem no sânscrito e quer dizer "prata amoedada". Na crise da Ásia, a partir de 1997, a moeda foi tão fustigada que é ironicamente revelador notar que a pronúncia incorreta, mas corrente no Brasil, com a tônica na primeira sílaba, remete a um vocábulo cuja acepção estava próxima de seu valor: "rúpia", nessa grafia, com acento, significa um tipo de capim.

E o real? A moeda brasileira sofreu ataque semelhante no ano seguinte. Era a fase da âncora cambial, um dos pilares do bem-sucedido programa anti-inflacionário que elegera o presidente Fernando Henrique Cardoso em 1994. Mas havia a percepção generalizada de que a moeda valia bem mais do que devia. Logo, a qualquer momento haveria uma correção. A questão não era "se", mas "quando". Dado o capital eleitoral da inflação sob controle (então identificada com moeda sobrevalorizada), era de se esperar que não se tomasse nenhuma medida antes da eleição presidencial de outubro de 1998. O governo segurou enquanto e como pôde: com um choque de juros, um pacote fiscal e uma retórica que transferia aos especuladores a culpa pela situação. O discurso talvez tenha rendido votos, mas era impróprio, porque simplesmente não haveria ataque nenhum se a moeda não estivesse vulnerável pela condução da política econômica. E assim, duas semanas depois do início do segundo mandato, o governo cedeu e desvalorizou o real. Foi uma das mais recentes crises de uma série cujo início remonta a um tempo mais antigo que o dos mil-réis, como se verá a seguir.

6. Enquanto Isso, no Brasil

Jimbo e xenxém, capítulos de uma história que desemboca no real

Os vários termos que Gregório de Matos emprega para se referir ao dinheiro no Brasil do século 17 têm pouco a ver com os esforços de sinonímia do primeiro grande poeta brasileiro: a barroca riqueza vocabular do Boca do Inferno reflete antes a confusão monetária do período colonial, quando, ao lado de moedas portuguesas e espanholas, circulavam peças de outras procedências, trazidas por invasores e piratas. Num dos poemas em que comenta as transformações econômicas de Salvador, o baiano faz menção a uma das moedas de Portugal ao fustigar o estrangeiro arrivista que chega à cidade para enriquecer com o comércio.

Vendendo gato por lebre,
antes que quatro anos passem,
já tem tantos mil cruzados,
segundo afirmam pasguates.

O cruzado que ele menciona, a principal moeda portuguesa da época, era popular também no Brasil, conhecida até por pasguates, como o poeta chamava os idiotas. O dinheiro aparece frequentemente na obra de Gregório de Matos: são réis de cobre, que ele rima com nobre e pobre, contos de réis, vinténs, tostões rimando com dobrões — a lista é longa e inclui itens menos conhecidos, como a branca, uma antiga moeda de prata. Há também alusões a unidades monetárias não-metálicas, como no poema em que satiriza um "clérigo zote", ou seja, um padre imbecil, cujo comportamento é assim descrito:

Ambicioso, avarento,
das próprias negras amigo
só por fazer a gaudere,
o que aos outros custa jimbo.

"Fazer a gaudere" significava fazer por gosto. Quanto a jimbo, o leitor já terá intuído, quer dizer dinheiro. Mas não um tipo comum de dinheiro: jimbo, também chamado zimbo, é uma pequena concha usada na época como moeda no Congo e em Angola que os escravos, ao chegarem ao Brasil, encontraram no litoral da Bahia, o que lhes permitiu manter a tradição. Não era considerada tão boa quanto a africana, mas servia. "No zimbo de primeira qualidade, catado na ilha de Luanda, os traficantes tiravam um lucro de 600%, enquanto o zimbo baiano, reputado inferior pelos nativos, rendia 200% por arroba", escreve o historiador Luiz Felipe de Alencastro, no livro *O Trato dos Viventes — Formação do Brasil no Atlântico Sul*. Ao lado da mandioca e da cachaça, então chamada jeritiba — os principais produtos brasileiros de escambo —, o jimbo teve grande impacto "na amarração da bipolaridade entre as duas colônias do Atlântico", diz Alencastro.

Para a história da moeda, mais relevante é notar que o jimbo brasileiro influenciou os dois sistemas monetários: no Brasil, mitigou os efeitos da escassez de moedas de metal; na África, para onde era exportado, provocou inflação. O jimbo brasileiro cruzava o oceano nos mesmos navios que traziam os negros e lá, na África Central, era largamente aceito no comércio, o que, além de azeitar o tráfico de escravos, quebrava o monopólio do rei do Congo sobre a moeda-concha. O excesso de oferta depreciou o dinheiro africano, demonstrando mais uma vez a aplicabilidade da teoria quantitativa da moeda. A desvalorização do jimbo de Angola em relação ao mil-réis foi de quatro quintos durante a segunda década do século 17, segundo dado citado por Alencastro. No Congo, a pressão também foi sentida, o que levou o rei a adotar uma política anti-inflacionária que consistia, basicamente, em proibir a importação do zimbo brasileiro.

No Brasil, não só os escravos tinham que improvisar com moedas. Desde o início da colonização, na primeira metade do século 16, moeda metálica era coisa rara, o que obrigava todos a aceitar mercadorias em pagamento. Nem mesmo o governador-geral escapava. O terceiro deles, Mem de Sá, que desembarcou no país na segunda metade do século com a missão de expulsar os franceses que haviam tomado o Rio de Janeiro, escreveu para a metrópole ainda no início de sua gestão informando à monarquia que, por falta de moeda, seu ordenado estava sendo pago em mercadorias.

Os jesuítas, responsáveis pela educação e pela catequização, também se viravam como podiam. O padre José de Anchieta, que chegara ao Brasil junto com o segundo governador-geral, registrou, em carta enviada a seus superiores da Companhia de Jesus, em Roma, que, por falta de moeda, o Colégio de Pernambuco recebera em açúcar uma dotação de 1.000 ducados (o ducado circulava em Portugal e, eventualmente, podia ser encontrado no Brasil).

Com o tempo, essa rotina da vida colonial se institucionalizou. No início do século 17, cerca de trinta anos depois da carta de Anchieta, o governador do Rio de Janeiro determinou que o açúcar fosse considerado moeda legal, obrigando negociantes a aceitá-lo em pagamento, segundo Florisvaldo dos Santos Trigueiros, no livro *Dinheiro no Brasil*. Além do açúcar, outras mercadorias, como tabaco, ferro, cacau, baunilha e cravo, costumavam servir como dinheiro. No Maranhão, na época um Estado separado do Brasil e que compreendia quase toda a região Norte, a aguda escassez de moeda era aplacada também por outra mercadoria importante. "O dinheiro desta terra é o pano de algodão", disse o padre Antônio Vieira num sermão em São Luís em 1653. "O preço ordinário por que servem os índios, e servirão cada mês, são duas varas deste pano que valem dois tostões", afirmou Vieira, condenando os colonos que não queriam pagar "tão leve preço". O padre defendia os índios e era amigo do rei, Dom João IV, que favorecera a posição dos jesuítas ao emitir decreto proibindo a escravidão dos indígenas. O descontentamento dos colonos se explicava: praticamente sem moeda e com menos recursos do que seus pares do litoral leste, não tinham como importar escravos da África.

No litoral, por assim dizer, monetizado do Brasil, a moeda mais comum no século 17 não era portuguesa, mas espanhola. A de 8 *reales*, a mesma "peça de oito" que está ligada ao nascimento do dólar, como vimos no capítulo 4, tornou-se popular depois da ascensão dos espanhóis ao trono português, em 1580. Os três reis espanhóis de nome Filipe que se sucederam nos sessenta anos seguintes não se interessaram pelas colônias de Portugal e procuraram limitar as relações comerciais entre o Brasil e a América espanhola. Nem uma coisa nem outra, no entanto, impediu que os *reales*, mais conhecidos como patacas, se transformassem na moeda mais importante da época e continuassem circulando amplamente mesmo após o restabelecimento do domínio português, em 1640.

Enquanto as patacas dominavam o meio circulante no Brasil, os espanhóis mudavam os rumos da história monetária em Portugal. No início do século 17, o rei Filipe II promulgou as Ordenações Filipinas, um abrangente conjunto de leis que reorganizava várias instituições portuguesas. A Justiça foi completamente reformada, com a introdução da pena de morte precedida de tortura para crimes como feitiçaria, adultério, furto e desrespeito ao rei, entre muitos outros. O impacto das Ordenações Filipinas para o direito português foi tal que deixou em segundo plano a reviravolta na área monetária, marcada pela introdução do nominalismo. E que raios, como perguntaria o português, significa isso?

O nominalismo é uma teoria monetária medieval e por esse motivo hoje em dia ninguém mais se lembra dela, a não ser estudiosos da história econômica. Ela parte do pressuposto de que o valor da moeda deve resultar não de sua natureza ou de pressões de mercado, mas de uma decisão política. Ou seja, cabe ao governo, de acordo com seus interesses, determinar o valor da moeda, desvalorizando-a quando achar que a medida resultará em benefício para a economia. Se a definição soa familiar é porque a teoria não desapareceu totalmente. Há quem veja na defesa da intervenção do Estado na economia uma versão moderna do nominalismo.

Os portugueses da época sabiam do que se tratava. Para eles, o nominalismo não era exatamente uma novidade. As novas regras que surgiram no bojo das Ordenações Filipinas significavam a volta ao sistema que vigorara durante o reinado de Dom João I, o Mestre de Avis, no início do século 15, quase cem anos antes da descoberta do Brasil. Com o nominalismo, o soberano tentou impor o real em substituição à libra, que circulava em Portugal desde o século 13. Credores eram obrigados por lei a receber na moeda corrente, e não na "boa moeda antiga", como se dizia. Nesse sentido, era popular: favorecia os empreendedores, que tomavam empréstimos, em prejuízo dos poderosos do dia. Letácio Jansen, em *A Face Legal do Dinheiro*, avalia que, com essa política, Portugal antecipava a idade moderna no campo monetário: quando Filipe II voltou aos princípios nominalistas, Estados importantes como França e Inglaterra faziam a opção pela primeira vez. Assim, o real fixou-se como unidade monetária longeva: duraria até o século 20 em Portugal e no Brasil, onde era conhecido por réis, no plural, ou, mais popularmente, por mil-réis, a unidade de conta.

Os réis já tinham cerca de três séculos de história quando, em 1645, se cunhou a primeira moeda no Brasil. Mas a tradição monetária e a relação com a metrópole de nada valeram: a peça que saiu da fôrma improvisada foi um florim holandês. Era uma moeda quadrangular, com um molde arredondado gravado no centro, indicando com pontos o contorno que teria se devidamente recortada. De um lado estava impresso o valor, em números romanos; do outro, as letras GWC, iniciais do nome em holandês da Companhia das Índias Ocidentais, cujas forças ocupavam o Nordeste brasileiro desde o início da década anterior.

O florim, que surgiu como solução temporária para a crise financeira agravada após o fim do governo do príncipe Maurício de Nassau, em 1644, era uma moeda obsidional, como são chamadas as moedas de emergência emitidas durante um cerco. Produzida em Pernambuco, servia para pagar parte do soldo à tropa, indócil com a perspectiva de não receber, pois as moedas holandesas chegavam em quantidade que mal dava para duas semanas de gastos. O ouro usado para fabricar os florins saiu de um caixote que se encontrava no Recife como mercadoria em trânsito procedente da Guiné, na costa ocidental da África. Para desestimular a fuga dessas moedas do território ocupado pelos holandeses, fixou-se uma taxa de câmbio 20% mais alta do que na Holanda.

Embora de circulação restrita, os florins não deixaram de contribuir para a profusão de moedas que marcou o período colonial brasileiro. A balbúrdia era multiplicada pela ampla circulação de moedas falsas e adulteradas pelo cerceio, ou seja, o desbastamento das bordas para obtenção de pequena quantidade de metal a ser fundido. O descontrole era tal que um comunicado oficial chegou a recomendar a volta do uso da balança para o estabelecimento do valor do metal pelo peso. A própria monarquia aumentava a desordem com a prática de, como se dizia, carimbar moedas com marcas a ferro, o que era feito em unidades portuguesas (para lhes alterar o valor) e estrangeiras (para nacionalizá-las).

O que sobrava em variedade faltava em quantidade: os muitos tipos de moedas continuavam insuficientes para irrigar a economia colonial. Uma solução, proposta pelo padre Antônio Vieira, seria emitir moedas na província, mas com valor de face superior ao do metal pesado, de maneira que não fosse vantajoso mandá-las para a metrópole. Portugal concordou com a ideia (que não era só de Vieira, mas de muitos colonos) e, em 1694, autorizou a abertura da primeira Casa da Moeda, na Bahia. Os portugueses tiveram a mesma preocupação dos holandeses meio século antes. As moedas de ouro emitidas na Bahia a partir do ano seguinte valiam 10% mais do que em Portugal e, para limitar ainda mais o risco de evasão, proibiu-se a remessa para o exterior. As moedas da metrópole também não podiam mais circular na colônia, sob pena de confisco e deportação, para Angola, de quem as possuísse. Assim, um ano antes da morte de Gregório de Matos, o Brasil entrava em nova fase monetária, ainda marcada pela precariedade, mas menos caótica do que a registrada em sua poesia.

Uma moda nos trajes refletia essa outra realidade monetária: o bolso como peça integrante do vestuário. Até o final do século 17 usava-se uma bolsa independente ou algibeira, presa à cintura, onde se levavam as moedas. "O bolso começou por um pequeno saco de pano resistente cosido no interior da roupa, com uma abertura para a passagem da mão", escreve o folclorista Luís da Câmara Cascudo em *História dos Nossos Gestos*. Não havia dúvida quanto a sua conveniência. Com a maior circulação de moedas, era apenas natural que as roupas com bolsos passassem a ser vistas por toda parte. (O gesto de embolsar, que interessa a Cascudo, surgiria só no século seguinte.)

O início da cunhagem de moedas no Brasil coincide com a descoberta do ouro na região que mais tarde se chamaria Minas Gerais. Mas é apenas uma coincidência mesmo: a primeira Casa da Moeda na região, a de Vila Rica (que mudaria o nome para Ouro Preto), só seria instalada trinta anos após a pioneira, da Bahia. Antes de chegar lá, a Casa da Moeda se estabelecera no início do século 17 no Rio, onde se cunhavam moedas de ouro a serem enviadas para Portugal.

A metrópole, por sua vez, emitia moedas de cobre para servirem como troco no Brasil. Vinham com uma inscrição em latim que significava "O cobre é mais próprio para o uso do que o ouro", o que, nas palavras de Santos Trigueiros, era um "paternal recado para doutrinar os brasileiros". O fato é que o metal precioso não ficava no Brasil, salvo em quantidades muito pequenas, o que dava para fabricar, além de moedas, "cordões, arrecadas e outros brincos, dos quais se veem hoje carregadas as mulatas de mau viver e as negras, muito mais do que as senhoras", na observação do jesuíta André João Antonil no livro *Cultura e Opulência no Brasil*.

O ouro brasileiro remetido a Portugal alivia temporariamente os problemas financeiros da metrópole, apesar de pressionar os preços em Lisboa e outras cidades. No século 18, a produção crescente, que chega a quase 15 toneladas por ano, é canalizada em parte para a Inglaterra em pagamento por importações e proteção contra a França e a Espanha. O metal que fica na metrópole basta para financiar obras suntuosas de Dom João V, que reina durante quase toda a primeira metade do século.

A produção de ouro estava no auge quando, em 1755, um terremoto destruiu Lisboa, matando cerca de 15 mil pessoas; foi tão devastador que nem mesmo o palácio real ficou de pé. O rei Dom José I deu todos os poderes ao marquês de Pombal para as tarefas de reconstrução da capital, o que se fez em parte com a renda proveniente do ouro do Brasil. "Foi o terremoto que deu a Pombal o impulso para o poder virtualmente absoluto", afirma o historiador inglês Kenneth Maxwell em *Marquês de Pombal — Paradoxo do Iluminismo*.

Com a ascensão de Pombal, a metrópole intensifica o esforço de arrecadação de imposto no Brasil, que passa a corresponder a um quinto da produção de ouro. Quando não se alcançava a cota mínima anual de 100 arrobas do metal, o governador de Minas Gerais podia decretar a derrama, um tributo extra cuja impopularidade levaria à Inconfidência Mineira no final dos anos 70 do século 18. A cobrança dos impostos era feita nas Casas de Fundição, onde o dono do ouro podia acompanhar, ao lado do cadinho, uma espécie de forno refratário, a transformação do metal em barras que lhe eram entregues junto com o certificado do imposto quitado. Essas barras tinham função monetária, ou seja, circulavam como moeda, até mesmo para pequenas compras, "quando crescia o fiado" nas tavernas e açougues, segundo o cronista Aluísio de Almeida em *Vida Cotidiana da Capitania de São Paulo (1722-1822)*.

O ouro funcionava como moeda antes mesmo de oficialmente fundido. A diferença era o preço: sem o certificado, valia menos para compensar o gasto com o imposto a ser eventualmente pago. Eventualmente, sim, porque apesar do rigor da lei o contrabando era prática comum. São conhecidas as histórias do transporte ilegal de ouro nas carapinhas das escravas e no interior de imagens religiosas esculpidas em madeira — o que deu origem à expressão popular "santo do pau oco".

Burlava-se igualmente a lei que, durante a maior parte do século 18, proibia o uso do ouro em pó como moeda. "Toda família remediada tinha em sua casa uma balancinha para pesar e uma barriquinha para guardar ouro em pó", escreve Aluísio de Almeida. A circulação do ouro em pó era tão comum que o príncipe regente Dom João VI viu-se obrigado a emitir alvará reforçando a ilegalidade da prática em 1808, meses após a chegada da família real ao Brasil. Para substituir o ouro em pó como troco, emitiram-se bilhetes de baixo valor e moedas de cobre. Nessa época, a produção de ouro já havia declinado, razão adicional para tentar evitar o desvio.

Ao deixar Portugal no final do ano anterior, a corte portuguesa trouxe os valores que conseguiu acomodar nas 36 embarcações saídas às pressas de Lisboa um dia antes da invasão da capital pelo exército de Napoleão. As cerca de 15 mil pessoas chegaram com ouro, prata, objetos de arte e metade do dinheiro que circulava na corte. Com o desembarque de toda essa fortuna, a história monetária estava prestes a se repetir: como ocorrera em Portugal com o ouro mineiro e na África com o jimbo baiano, o repentino afluxo de riqueza pressionou os preços no Brasil. De nada adiantou a abertura dos portos aos produtos das nações amigas, primeira medida tomada por Dom João. (A decisão beneficiaria principalmente a Inglaterra, que iniciava período de plena ascendência econômica sobre Portugal — a partir de 1810, produtos ingleses passaram a pagar apenas 15% de tarifa para entrar no Brasil.)

A manutenção da corte no Rio de Janeiro representava uma despesa que o dinheiro em circulação mal conseguia cobrir. A melhor saída parecia a fundação de um banco que, com o poder de multiplicar o dinheiro, daria maior liquidez à economia. E assim se fez. É memorável a cena do filme *Carlota Joaquina*, de Carla Camuratti, em que o Dom João de Marco Nanini, comendo a indefectível coxa de galinha, decide criar o Banco do Brasil, seguindo sugestão de um dos conselheiros que o rodeiam.

Instituído em 1808, a partir do ano seguinte o estabelecimento emitiu notas bancárias que circulavam como moeda. Tratava-se, no entanto, de uma circulação praticamente restrita ao Rio. Longe da corte, o deságio era grande. Na província de São Paulo, por exemplo, o papel-moeda do Banco do Brasil seria negociado vinte anos mais tarde por apenas 57% do valor nominal. Apesar do monopólio da atividade financeira, o banco não se consolidou nos primeiros anos e teve a situação agravada em 1821 com a volta a Portugal de Dom João, que levou consigo grande parte do ouro e dos bens que serviam de lastro à instituição. Os bilhetes que o banco emitia deixaram de ser conversíveis em moeda forte. No final da década, sem condições de manter as suas operações, o Banco do Brasil se tornaria insolvente e sofreria a primeira liquidação.

Não só para extravagâncias da corte usava-se o dinheiro. O Brasil também tinha que financiar a campanha militar para a anexação da Província Cisplatina e pagar a compensação que prometera a Portugal pelo reconhecimento da independência, em 1822. Na prática, comprara a independência por 2 milhões de libras e, para saldar o compromisso, os recursos do banco não eram suficientes.

Sem alternativa, o Brasil recorreu ao primeiro empréstimo externo. O dinheiro vinha da Inglaterra e era devolvido para Portugal, de onde, fechando o ciclo, voltava para a Inglaterra, acrescido dos juros. Tratava-se de uma operação triangular apenas teórica, pois, na prática, as libras nem precisavam sair do país credor. Mesmo com as dificuldades financeiras, o Brasil começava a longa história de sua dívida externa com fama de bom pagador, o que significaria uma regular sangria de recursos.

O pagamento aos credores não era a única forma de evasão de divisas. Depois da abdicação em 1831, Dom Pedro I fez o mesmo que seu pai dez anos antes: levou moedas de ouro na viagem para a Europa. Só que elas não seguiram no mesmo navio. O ex-imperador não conseguiu embarcar as 720 moedas que carregava na bagagem. A alfândega confiscou-as, em cumprimento a uma determinação do próprio Dom Pedro, que havia proibido, logo após a independência, a saída de moedas do Brasil. O embaraço, no entanto, foi resolvido com rapidez. Uma semana depois, uma portaria da Regência Provisória autorizava a devolução das moedas.

Dom Pedro deixava para trás uma situação nada fácil. A agitação política e o fechamento do Banco do Brasil haviam provocado uma incerteza que levara a população a entesourar o ouro e a prata. Os metais preciosos também eram desalojados pela abundância de moedas de cobre — como sempre, a má moeda é posta em circulação enquanto a boa é guardada como reserva de valor, de acordo com a Lei de Gresham, referida no capítulo 3. A produção de moedas de cobre fora excessiva no primeiro reinado, a ponto de provocar inflação, ou, como se dizia, "inchação" do meio circulante. Um derrame de moedas falsas agravou esse inchaço, causando o que os cronistas da época chamavam de "a angustiosa crise do xenxém", em referência ao nome popular da peça de 10 réis fraudulentamente cunhada. O câmbio se desvalorizava, encarecendo as importações, e o país vivia um caos monetário que contribuía para aumentar a tensão social.

Dois anos após a saída de Dom Pedro, promulga-se a lei que, com o objetivo de sanar o problema, estipula a substituição das moedas de cobre pelo papel-moeda. O resultado, no entanto, é mais confusão. Em 1835, Diogo Antônio Feijó, pouco antes de ser eleito regente do império, usa a imprensa para publicar artigos em que levanta a questão: "As cédulas parecem encantadas, não há poder humano que as possa fazer estampar em número suficiente". Para completar o caos, surgem cédulas provinciais, "em menoscabo da Constituição", no palavreado de Feijó, para quem era lamentável que, por causa do dinheiro, o Brasil desse "o miserável espetáculo da desordem e anarquia".

Contida pouco antes do início do Segundo Reinado, em 1840, a anarquia mencionada por Feijó prenunciou o movimento pendular da política monetária brasileira que seria observado a partir de então, ora liberal, ora conservadora. A corrente liberal chamava-se papelista; a conservadora, metalista. Os papelistas defendiam a emissão de papel-moeda e a farta concessão de crédito como meio de financiar o desenvolvimento; os metalistas defendiam o padrão-ouro, que limita a expansão ao lastro de metal disponível. Os primeiros não se importavam com uma moeda fraca; os últimos a queriam valorizada. O nome do jogo era intermediação versus estabilização. Com variações mais de circunstância do que de natureza, o debate se arrasta até os dias de hoje, agora entre desenvolvimentistas e monetaristas, como passaram a ser chamados os contendores.

No período da Regência, os liberais saíram na frente. Nos anos 30 do século 19 surgem os bancos comerciais. Há uma disputa sobre qual teria sido o primeiro. O Banco Econômico, que quebrou na década passada, reivindicava a primazia por ter tido origem na pioneira Caixa Econômica da Bahia, fundada em 1834. Dois anos depois aparecia o Banco do Ceará, de existência efêmera. No final da década estabeleceu-se o Banco Comercial do Rio de Janeiro, que os economistas Carlos Manuel Peláez e Wilson Suzigan, no livro *História Monetária do Brasil*, consideram de fato a primeira instituição bancária privada do país. Era um começo, mas o banco estava sujeito a regras de operação que limitavam sua capacidade de financiar o comércio e a indústria. Além do mais, tratava-se de uma única instituição. Para comparar: na década seguinte, enquanto a praça do Rio, com 200 mil habitantes, contava com apenas um banco, a cidade de Nova York, com população 50% maior, tinha 24 bancos com um capital, no conjunto, vinte vezes superior, segundo dados citados por Peláez e Suzigan.

Depois desse início tímido, o dinheiro para crédito multiplica-se — apesar de, em 1846, a orientação passar a ser metalista. Como explicar o paradoxo? Em primeiro lugar, o efeito da austeridade monetária é parcialmente neutralizado pelo protecionismo, adotado dois anos antes, que estimula a produção nacional. Além disso, a extinção do tráfico negreiro, em 1850, canaliza para o comércio e a indústria recursos antes empregados na escravidão. A maior disponibilidade de dinheiro reduz os juros. O país cresce depressa. "A época era caracterizada pela ânsia de enriquecer de repente, por um golpe de audácia", resume Joaquim Nabuco em *Um Estadista no Império*. O ritmo forte da economia, no entanto, exaure os capitais e o crédito volta a ficar escasso. De qualquer maneira, nessa altura a expansão já criara condições para o barão de Mauá, o mais notável empresário daqueles anos, erguer seu império.

Mauá constitui o novo Banco do Brasil em 1851 e dois anos depois promove-se a fusão com o Banco Comercial do Rio de Janeiro. A instituição que daí surge — a quarta versão do Banco do Brasil — passa a monopolizar a emissão de papel-moeda; ainda assim, o meio circulante no país cresce quase 50% entre 1854 e 1857. "Era um aumento considerável como se vê", observa Nabuco. Nesse mesmo ano, uma das crises cíclicas do capitalismo nos Estados Unidos respinga no Brasil; a expressão "pânico" se populariza. Em seguida, como seria de se esperar, vem a contrarreforma metalista, esvaziada em pouco tempo, pois afinal o país precisaria de muito dinheiro, com ou sem lastro, para financiar a Guerra do Paraguai a partir de 1863. Embaladas pela contingência de cada momento — a mais marcante é a depressão mundial de 1875, que obriga Mauá a encerrar a carreira —, essas duas correntes monetárias antagônicas continuam a se alternar no comando da política econômica até o fim do Segundo Reinado.

A República começa com a desenfreada especulação que ficou conhecida como Encilhamento, termo emprestado do turfe — em corridas de cavalo, encilhamento é o momento que precede a largada, quando as apostas se intensificam. Todos jogam na Bolsa de Valores. Visconde de Taunay enumera no romance *O Encilhamento* os tipos que observa acotovelando-se em aglomerações para comprar e vender ações: são "senadores, deputados, médicos de nota ou sem clínica, advogados bem reputados e desprestigiosos, magistrados de fama, militares, um mundo de desconhecidos, outros infelizmente demasiado conhecidos". Fechavam-se negócios na rua, no centro do Rio de Janeiro, a multidão impedindo a passagem dos bondes, que "apitavam impacientes". Os preços eram anotados "em pedacinhos de papel ou nos punhos postiços da camisa, cheios já de algarismos", descreve Taunay no livro, que, em 1893, quando a bolha já havia estourado, passa a ser publicado em capítulos na *Gazeta de Notícias*, um jornal popular da capital.

O escritor, ele próprio vítima do *crash*, relata o episódio com conhecimento de causa: naqueles meses após a proclamação da República, em 1889, "pululavam os bancos de emissão e quase diariamente se viam na circulação monetária notas de todos os tipos, algumas novinhas, faceiras, artísticas, com figuras de bonitas mulheres e símbolos elegantes, outras sarapintadas às pressas, emplastradas de largos e nojentos borrões". Enquanto durou, a especulação gerou muito dinheiro, que "pagava joias, cavalos, carros, contas de alfaiate e beijocas de bonitas francesas".

O companheiro de letras mais ilustre de Taunay, Machado de Assis, também não guardava boas recordações do Encilhamento. "Ele viu o fenômeno como um símbolo dos piores aspectos de um capitalismo corrupto, míope e explorador", escreve o crítico literário inglês John Gledson em *Machado de Assis: Ficção e História*. A excitação desse capítulo da história financeira foi objeto de muitas crônicas de Machado publicadas em *A Semana* e, no início do século 20, serviu como pano de fundo para o penúltimo romance do escritor, *Esaú e Jacó*. No início do livro, Nóbrega recebe de esmola uma nota de "dous mil-réis" de uma Natividade feliz da vida após ouvir, de uma cabocla vidente, que os gêmeos que esperava seriam grandes homens. Apesar da famosa ressalva — "Quanto à qualidade da glória, cousas futuras!" —, Natividade paga cinco vezes o preço de costume, o que "valia tanto ou mais que as ricas dádivas de Creso", afirma o narrador, em referência ao rei da Lídia. Nóbrega desaparece por uns tempos e, quando volta, está rico: "A fortuna dobrou, redobrou, tresdobrou" com o Encilhamento. "Esta foi a grande opa, a grande bacia, a grande esmola, o grande purgatório." Como a fortuna de Nóbrega tivesse origem inverossímil, na generosa esmola, Gledson comenta: "O absurdo dessa ideia, se considerada de um ponto de vista realista, serve para enfatizar seus significados satíricos e alegóricos (...) no que diz respeito ao comentário de Machado sobre o Encilhamento".

O período era mesmo de opa, isto é, de pândega e folia. Tendo herdado do último gabinete da monarquia uma reforma bancária liberal, Rui Barbosa, então ministro da Fazenda, convence o primeiro presidente, marechal Deodoro da Fonseca, a aprovar em 1890 um plano de rápida industrialização. Para tanto, precisava-se emitir mais dinheiro e facilitar o crédito, o que se obteve com a criação de bancos de emissão. A intenção imediata era atender à demanda da massa de novos assalariados que resultara do fim da escravidão, com a assinatura da Lei Áurea, dois anos antes. A conjuntura internacional ajudava: o preço do principal produto de exportação, o café, estava alto e o país vinha recebendo grande fluxo de investimentos estrangeiros. Não demorou para o otimismo dar lugar à euforia e, daí, degenerar em febre especulativa, agravada pela falta de regulamentação das novas instituições. Vendiam-se com ágio ações de empresas-fantasmas assim que eram lançadas no mercado, numa espiral que logo fez com que as falências começassem a pipocar. No ano seguinte, a bolha estourou e Rui deixou o cargo. Apesar das falcatruas, o episódio é considerado um marco no processo de industrialização do país.

Gustavo Franco debruçou-se sobre a dinâmica do Encilhamento anos antes de, em 1997, assumir a presidência do Banco Central. O período, objeto de sua tese de mestrado, é analisado no livro *A Década Republicana*. Franco compara a euforia e a frustração daqueles anos à experiência do Plano Cruzado, em 1986. "A política econômica começa, por exemplo, com o experimento *soi-disant* heterodoxo de Rui Barbosa, mas termina com a vigorosa e decidida restauração conservadora protagonizada por Joaquim Murtinho", escreve. Por ir de um extremo ao outro — da reforma papelista ao metalismo levado às últimas consequências —, a década de transição republicana "encapsula em poucos anos todos os elementos de um drama que se desdobraria sem tantas novidades no século que se seguiu".

Murtinho foi o ministro da Fazenda que, no final da década, com um programa recessivo baseado na valorização cambial, controlou a inflação provocada pelo Encilhamento. Sintonizado com os interesses dos credores estrangeiros, mandava queimar dinheiro, literalmente, para diminuir o meio circulante e assim valorizar a moeda. O fato de até um intransigente defensor da moeda forte como Gustavo Franco considerá-lo "radical" é sintomático. Não se tratava apenas de agir conforme uma concepção econômica. Murtinho argumentava "que a indústria não era viável no Brasil devido à inferioridade racial de seus habitantes em relação aos dos países industriais", segundo Peláez e Suzigan.

A valorização dos mil-réis encarece o produto brasileiro no exterior. Por produto brasileiro entenda-se o café, que, menos competitivo, perde mercado num momento em que a situação internacional dos preços é adversa aos exportadores. Eles pressionam o governo e, em 1906, obtêm o Convênio de Taubaté, assinado nessa cidade paulista do vale do Paraíba, então centro produtor de café. A moeda brasileira se desvaloriza, dando início a uma política oficial de proteção ao setor cafeeiro que marcaria a República Velha. "A valorização do café foi uma operação imperialista", gritava Oswald de Andrade no prefácio de *Serafim Ponte Grande*, o romance escrito "de 1929 para trás". O prefácio data de 1933 e, no meio tempo, o criador da poesia pau-brasil aderira ao comunismo. Com a nova perspectiva, Oswald faz a autocrítica por ter um dia imaginado que a alta do café, ao gerar riqueza no país, poderia projetar o movimento modernista e colocá-lo ao lado dos "surrealismos imperialistas" — afinal, as potências econômicas têm mais chances de exportar suas manifestações culturais. A pretensão imperialista corre por conta do exagero retórico do grande animador da Semana de Arte Moderna de 1922. O Brasil, no máximo, continuaria exportando café. Mas não é arriscado afirmar que os interesses da oligarquia agrária passaram a ser defendidos com instrumentos típicos dos países ricos, ou, para ficar com o jargão de Oswald de Andrade, imperialistas.

De fato, o que segura a cotação dos mil-réis e estimula a cafeicultura é a adoção do padrão-ouro, então em voga no mundo desenvolvido. No Brasil, o padrão-ouro resulta do estabelecimento da Caixa de Conversão, que emite papel-moeda com lastro no metal ou em moedas estrangeiras fortes. Como os mil-réis estavam muito valorizados, o efeito do padrão-ouro foi puxar a cotação para baixo. O economista Celso Furtado chama esse mecanismo de "socialização das perdas": para que os cafeicultores pudessem ganhar com o câmbio, o resto da sociedade perdia.

A exemplo do que aconteceu nos países ricos, o padrão-ouro no Brasil não resistiu à eclosão da Primeira Guerra Mundial, em 1914. Retomada mais tarde, com a Caixa de Estabilização, a experiência durou só até a crise de 1929, deflagrada a partir do *crack* da Bolsa de Nova York. Diante da superprodução provocada pelo estímulo oficial, os cafeicultores viram a crise se agravar antes de o governo seguinte, o primeiro de Getúlio Vargas, adotar a política de comprar e destruir o excedente para sustentar os preços. Apesar da ajuda à oligarquia agrária, com a Revolução de 1930 encerrava-se um ciclo econômico.

Promovendo a industrialização e com forte atuação social, Vargas sensibiliza a classe média urbana. A Lei da Usura limita os juros a 12% ao ano. Aos poucos, o dinheiro muda de mãos. Imigrantes que haviam chegado ao país anos antes com o objetivo de "fazer a América" começam a enriquecer. Uma nova elite surge. Em São Paulo, quem melhor capta o clima dos novos tempos é o escritor António de Alcântara Machado, que, em *Brás, Bexiga e Barra Funda*, descreve o centro da cidade como "um depósito sarapintado de automóveis gritadores". O que o livro aborda "é o mundo de uma certa pequena burguesia ascendente, nem operário, nem lumpen. Todos aspiram a um status superior", afirma na introdução o poeta e crítico literário Décio Pignatari. No Rio, uma das boas traduções dos anos 30 é a de Noel Rosa.

O quadro econômico e social ainda era de transição quando, em 1933, o compositor se refere ao tipo emergente num samba que seria popular: "O seu dinheiro nasce de repente/ e embora não se saiba se é verdade / você acha nas ruas diariamente/ anéis, dinheiro e até felicidade". O refrão reforça o tom crítico do poeta da Vila: "E o povo já pergunta com maldade: onde está a honestidade?"

Com ou sem honestidade, o dinheiro que se ganhava naqueles tempos era expresso numa profusão de notas: havia nada menos que 56 tipos — 35 do Tesouro, 14 do Banco do Brasil e 7 da extinta Caixa de Estabilização, segundo contabilidade do numismata Santos Trigueiros. Além disso, preso por tradição aos antigos mil-réis, o Brasil ainda não adotara o sistema decimal no campo monetário. Para acabar com a confusão, criou-se em 1942 o cruzeiro, correspondente a 1 mil-réis. Emitidas no exterior, as novas cédulas às vezes encontravam dificuldade em chegar ao destino final. O mundo estava em plena Segunda Guerra Mundial e alguns lotes foram parar no fundo do mar em navios torpedeados.

Feita a transição, o cruzeiro permanece inalterado até os militares tomarem o poder, em 1964. A primeira mudança é discreta: apenas os centavos são eliminados. No ano seguinte, o compositor Chico Buarque anotaria, na pouco conhecida *Tamandaré*, que um "Zé qualquer" estava "sem qualquer paradeiro / quando encontrou um samba / inútil e derradeiro / numa inútil e derradeira / velha nota de um cruzeiro".

Em breve, essa nota seria inútil para todos, não apenas para o Zé da canção. Vindo já de um processo inflacionário, o país caminhava para a hiperinflação. Os militares optaram por atacar o problema de maneira gradualista, a partir de uma ideia apresentada por Roberto Campos, ministro do Planejamento: a correção monetária. Com isso, neutralizavam-se os efeitos da inflação para a poupança individual e para a arrecadação do governo. "Na implantação da correção monetária houve um intento inconfessado e um subproduto indesejado", escreve Campos em *A Lanterna na Popa*, livro de memórias. "O intuito inconfessado era escapar às limitações da Lei da Usura, cuja revogação frontal seria politicamente abrasiva. (...) O subproduto indesejado foi uma irrupção de protestos nacionalistas, por parte de empresas nacionais, que se haviam habituado a postergar o pagamento de impostos, como forma barata de obtenção de capital de giro. Na ausência de correção monetária dos débitos fiscais, a inflação corroeria rapidamente o peso do tributo." Letácio Jansen, em *A Face Legal do Dinheiro*, identifica um problema de outra natureza: "Em nome da preservação do poder aquisitivo de certos créditos, a correção monetária impõe o desrespeito, no plano interno, à estabilidade jurídica da ordem monetária; e, no plano internacional, procura fazer com que esses créditos sejam regidos pela moeda estrangeira".

Apesar do descontentamento dos que se sentiram prejudicados, a correção monetária foi mantida, para satisfação até de uma parcela da classe média que, conservando a poupança aplicada, tinha a ilusão de poder viver de rendimentos. Concebida como antídoto contra a inflação, a correção acabou realimentando-a quando, por outros motivos, os preços começaram a disparar no Brasil. E que motivos foram esses? Basicamente dois, um interno e outro externo. Com o "milagre econômico", que coincidiu com os anos de chumbo da ditadura (entre 1968 e 1973), a produção de bens de consumo cresceu muito mais do que a de insumos para produzi-los, pressionando os preços. No plano internacional, houve dois choques de petróleo nos anos 70, que multiplicaram os preços de um produto que o país não tinha como deixar de importar naquele momento.

Esse é o quadro que está por trás da hiperinflação, que bateu em 2.700% em 1993. Na tentativa de acabar com ela, o país passou por nove padrões monetários, incluídos aí a primeira mudança cosmética no cruzeiro e o real. As últimas mudanças, a partir de 1986, foram acompanhadas de planos econômicos. O Plano Cruzado, logo após a volta do governo civil, talvez tenha sido o mais popular deles enquanto durou — menos de um ano, tendo acabado sob suspeita de estelionato eleitoral. Foi tão frustrante que as pessoas parecem querer esquecê-lo. O dicionário Michaelis, publicado doze anos depois, nem registra essa acepção no verbete "cruzado".

O Plano Collor, que reintroduziu o cruzeiro, não conseguiu acabar com a inflação nem mesmo depois de bloquear a poupança nacional, feito sem par na história econômica. Quanto ao Real, foi muito popular no início, a ponto de a oposição, que o criticou duramente, ter se penitenciado pelo erro de avaliação. Seis anos depois, as atenções estão voltadas menos para o mérito do que para o custo da política — o desemprego. É natural. Como diz Galbraith: "A história da moeda revela duas tendências altamente seguras. Após uma experiência recente com inflação, as pessoas preferem preços estáveis e, tendo longa experiência com preços estáveis, tornam-se indiferentes ao risco de inflação".

Quando o pêndulo da história completará mais um movimento é uma questão em aberto neste limiar do século 21.

7. O Princípio da Incerteza

O dinheiro virtual irá além da ficção científica? Moedas globais e privadas poderão coexistir?

Três de janeiro de 2021. Rick Deckard acorda com a música eletrônica do despertador e seleciona, no cardápio de opções da máquina estimuladora do cérebro, uma atitude para o dia. Deckard é caçador de androides. Clica em "encarar o trabalho com criatividade". Antes de sair de casa, sobe ao teto do edifício, onde fica sua ovelha artificial. Na Los Angeles do futuro muitos animais são fabricados. É impossível distingui-los dos naturais, mas mesmo assim Deckard quer um bicho de verdade, um cavalo, de preferência. Sabe que cavalos genuínos são caros: na faixa de 5 mil dólares, segundo um catálogo de vendas que havia folheado. Para se dar ao luxo, mesmo pagando em prestações, terá que fazer trabalho extra, o que significa eliminar mais replicantes — os robôs humanoides que, depois de uma rebelião, têm a cabeça a prêmio. A cada "remoção" (o termo "execução" é considerado inadequado) o caçador recebe um prêmio de mil dólares.

Assim começa a história de *Blade Runner* — não o filme de Ridley Scott, *cult* dos anos 80, mas o livro de Philip Dick que deu origem ao roteiro. A trama tem todos os ingredientes da ficção científica: colônias em outros planetas, carros voadores, aparelhos eletrônicos que respondem a comandos de voz, brinquedos animados por engenheiros genéticos. Nesse ambiente em que a tecnologia desconhece fronteiras, contrasta o fato de o dinheiro e o comércio serem convencionalmente representados pelo dólar e pelo catálogo de vendas, detalhes do cotidiano que só não estragam o clima futurístico do filme porque na adaptação deixou-se de lado a motivação econômica de Deckard.

Em outro clássico da ficção científica, da série *Fundação*, de Isaac Asimov, o dinheiro recebe um nome moderno — crédito —, mas sua natureza permanece anacronicamente a mesma dos tempos em que, pela primeira vez, um meio de pagamento substituiu o escambo. Num futuro indefinido, em algum ponto longínquo do Império Galáctico, os personagens ainda lidam com *cash*, dinheiro vivo. As cédulas de cor rosa e amarela são extravagantes, mas o conceito é o do antigo papel-moeda. O dinheiro surge numa cena de suborno — fala-se em 100 mil créditos — em que o corruptor enfatiza ter em mãos moeda forte: "Por ser emitido pelos meus Estados, mais extensos que os do próprio Imperador, este dinheiro é o melhor do Império". Na fértil imaginação de Asimov, portanto, o futuro monetário não apresentará grandes novidades.

As obras de Asimov e Philip Dick datam de meados do século 20, quando se disseminou o uso do cartão de crédito, inovação precursora da tendência de limitar cada vez mais o manuseio do dinheiro vivo. A coincidência, no entanto, não os levou a vislumbrar uma sociedade sem dinheiro, em que as transações financeiras, em vez de envolverem troca de papéis, fossem representadas por impulsos eletrônicos. Nesse aspecto, a ficção ficou aquém da realidade: a tecnologia hoje disponível nos permite entrever esse mundo sem dinheiro físico.

Os primeiros cartões de crédito apareceram nos Estados Unidos nos anos 20, quando o menino Asimov, nascido na Rússia e recém-chegado a Nova York, começava a assimilar o estilo de vida norte-americano. O carro, que Henry Ford popularizara no início do século, criava novos hábitos, como o de guiar em viagens de longa distância. Enfrentar as estradas precárias fazia parte da aventura; os motoristas só não gostavam de transportar grandes somas de dólares para as despesas de hospedagem e abastecimento. O cartão de crédito surge para atender a essa necessidade e, não por acaso, postos de gasolina e redes de hotéis são os pioneiros na exploração do negócio. Só mais tarde, em 1950, seria criado o primeiro cartão internacional de crédito, emitido pelo Diners Club. Nas duas décadas seguintes, a proliferação dos cartões no mundo todo mudou o perfil do consumo ao permitir a antecipação dos gastos.

O dinheiro de plástico ainda é imensamente popular, mas, do ponto de vista tecnológico, já pertence à história monetária. Hoje, os pesquisadores a serviço das instituições financeiras estão debruçados sobre o dinheiro eletrônico. A banda magnética cede lugar ao microchip de silício com memória; o antigo cartão de crédito é incorporado ao cartão inteligente, ou *smart card*.

A história dos cartões inteligentes começa na França. Foi lá que, no início dos anos 80, uma companhia telefônica adotou um sistema para substituir os aparelhos públicos, que, por armazenarem moedas, haviam se tornado alvo de vandalismo. O cartão continha um chip onde estava gravado o valor pré-pago que o usuário poderia gastar nas chamadas. A experiência deu certo e logo se repetiu em outros países e setores. Na área financeira, a largada se deu em 1996, nos Jogos Olímpicos de Atlanta, nos Estados Unidos: 5 mil estabelecimentos foram equipados para receber cartões distribuídos por empresas de cartão de crédito. Na Europa, a França e a Alemanha praticamente já substituíram os cartões bancários e de crédito por cartões inteligentes. No Brasil, a ideia do *smart card* começou a ser testada no final dos anos 90.

Além de servir como cartão de crédito e débito, os cartões inteligentes têm muitas outras aplicações: podem armazenar informações pessoais e médicas, controlar acesso a áreas físicas e virtuais, servir como tíquetes para transporte público. Os consultores Henry Dreifus e J. Thomas Monk preveem, no livro *Smart Cards*, que no futuro aparelhos de televisão e telefones permitirão a leitura de cartões inteligentes, o que ampliará o potencial do comércio eletrônico.

Antes de falar mais sobre dinheiro eletrônico, no entanto, convém defini-lo. Não se trata, como muitos imaginam, do dinheiro transferido na imensa rede de computadores interligados. Essa é uma operação de rotina: nos anos 90, transferia-se dessa maneira 90% do *valor* das transações nos Estados Unidos; os restantes 10% ficavam pulverizados em pagamentos miúdos (responsáveis por 90% do *volume* das transações). A não ser num sentido abrangente, não se pode dizer que esse dinheiro seja eletrônico: trata-se de dinheiro real, apenas transferido eletronicamente. No sentido mais restrito, porém, o dinheiro eletrônico é algo mais: é virtual. Não possui forma física, não tem interface imediata com o dinheiro convencional, não é contabilizado para efeitos de determinação da quantidade de dinheiro em circulação.

A diferença entre dinheiro virtual e dinheiro real é mais relevante para quem emite o cartão inteligente do que para quem o utiliza. Para o portador do *smart card*, trata-se de dinheiro comum, com a diferença de ser mais conveniente. Ele "abastece" seu cartão transferindo um valor de sua conta para o chip e depois esvazia a memória, isto é, gasta, como bem quiser. A forma do dinheiro pode ser nova, mas a função como meio de pagamento é antiga. Já para a empresa que emite o cartão há uma grande diferença entre os dois tipos de dinheiro. Ela poderia criar dinheiro virtual. Para tanto, bastaria permitir que a memória do cartão fosse preenchida não com o dinheiro da conta do dono do cartão, mas com o crédito do emissor do cartão. Seria mais uma variação de uma velha prática. Afinal, desde o término da Idade Média, os banqueiros criam dinheiro, multiplicando o valor dos depósitos em empréstimos.

Há uma outra definição possível de dinheiro eletrônico: "Trata-se de uma partícula virtual que não pode ser detectada diretamente, mas cuja existência tem efeitos mensuráveis". É o que está escrito em *Uma Breve História do Tempo*, livro em que o autor, Stephen Hawking, explica ao leigo os intrincados conceitos da física moderna. E por que o cientista britânico, um dos mais importantes do mundo, abordaria o dinheiro eletrônico num livro como esse? Na realidade, Hawking teve em mente apenas a mecânica quântica, o ramo da física que se ocupa do mundo subatômico. Quem a tomou emprestado para explicar o conceito de dinheiro eletrônico foi na verdade a economista Elinor Harris Solomon, no livro *Virtual Money*. Ela compara: "Com frequência, esse dinheiro ilusório também não pode ser detectado diretamente, mas seus efeitos são bem reais, como a volatilidade dos mercados de câmbio e das Bolsas". Para Solomon, a altíssima velocidade com que o dinheiro virtual circula no globo é um obstáculo à defesa de moedas nacionais pelos bancos centrais.

O dinheiro virtual — e aqui não estamos falando mais do *smart card* — é criado no ciberespaço a partir de sua própria rapidez de locomoção. Viajando na velocidade da luz, esse dinheiro — cujo volume de operações envolve centenas de bilhões de dólares por dia — é mais rápido do que os sistemas de compensação e aproveita esse descompasso para se multiplicar momentaneamente, ziguezagueando enquanto os balanços da movimentação não fecham. "Enquanto o giro aumenta, temos massas de dinheiro que não estão em lugar nenhum, nunca são definitivamente contabilizadas e acabam se autodestruindo", diz Solomon.

Para explicar essa natureza ambígua do dinheiro virtual, a economista recorre novamente à física, desta vez à teoria da eletrodinâmica quântica, que deu o prêmio Nobel ao norte-americano Richard Feynman. A analogia parte da característica dos elétrons — partículas cercadas de uma nuvem de fótons virtuais que só passam a existir ao serem absorvidos por outros elétrons. O tempo de vida da nova partícula é limitado: como não pode conservar a energia transmitida no processo, ela se autodestrói. Trata-se de um "empréstimo" de energia que dura tanto menos quanto maior for o "crédito", e vice-versa, de acordo com o Princípio da Incerteza. Essa restrição também se aplica ao dinheiro eletrônico. Como Cinderela no baile, diz Solomon, o dinheiro virtual também só pode se divertir até a hora em que o encanto termina, e esse curto período é tudo o que tem para conquistar seu príncipe — o lucro.

O Princípio da Incerteza permite ampliar ainda mais a analogia entre o dinheiro eletrônico e as partículas do mundo quântico. Ele estabelece ser impossível determinar, ao mesmo tempo, a posição e a velocidade de uma partícula — o que nos leva de volta à definição de Hawking. Formulado pelo alemão Werner Heisenberg nos anos 20, o Princípio da Incerteza introduziu na ciência um elemento de imprevisibilidade igualmente característico do dinheiro eletrônico: quem, afinal, pode prever com segurança o comportamento da massa monetária etérea?

O advento do dinheiro virtual suscita várias outras perguntas para as quais também não há respostas prontas. Formulá-las, no entanto, ajuda a perceber as dificuldades que se colocam no caminho de uma eventual sociedade sem dinheiro físico. Uma dúvida é se o dinheiro eletrônico manterá sempre paridade perfeita com o dinheiro real. Em condições ideais, essa relação é de um por um: a memória de um cartão inteligente carregada com R$ 10 deve sempre corresponder a uma nota do mesmo valor, e ambas devem ter exatamente o mesmo poder de compra. Mas não há garantia de que assim será.

Para ficar num exemplo bem simples, suponha que duas empresas emitam cartões inteligentes: uma ganha aplicando o dinheiro que o cliente deixou depositado para "abastecer" seu cartão ou cobrando juros daqueles que utilizam crédito; outra obtém a renda de uma taxa de administração. Nessa comparação, os R$ 10 virtuais da primeira empresa teriam valor integral, ao passo que os da segunda teriam algum desconto. O que interessa é menos a diferença numérica (que pode até ser desprezível) do que a conceitual: a paridade absoluta entre notas do mesmo valor — algo tão intrínseco ao sistema monetário que ninguém se detém nisso — não se reproduz necessariamente no mundo do dinheiro virtual.

O grau de aceitação do dinheiro eletrônico é uma incógnita. Dinheiro, qualquer que seja a forma, depende, como vimos, de uma convenção social e cultural, regra que não comporta exceções. Para ser a moeda do futuro, portanto, o dinheiro eletrônico precisaria ser aceito por todos e não ficar restrito ao nicho do comércio pela Internet, seu ambiente, digamos, natural. E há a questão da segurança, ainda não resolvida, apesar da crescente sofisticação dos sistemas de criptografia, a escrita codificada cuja chave eletrônica de decifração só é acessível às partes envolvidas no negócio. Mesmo quem é do ramo admite que a proteção tem limites. "Decodificar fraudulentamente um sistema desses é bem mais difícil do que roubar um banco entrando fisicamente no prédio, mas também muito mais vantajoso para quem consegue", afirma Paul Kocher, presidente da empresa norte-americana Cryptography Research. Em artigo para a revista *Discover*, ele faz uma conjetura bem-humorada: "Prevejo que o primeiro assalto multibilionário ocorrerá antes de 2010".

A mera possibilidade de um assalto no ciberespaço provoca a polêmica em torno da identidade do dinheiro eletrônico. O dinheiro vivo, *cash*, é anônimo por natureza, o que o torna preferido dos traficantes de drogas. Já o dinheiro virtual pode ou não ser anônimo. Com a utilização da tecnologia do encriptador, a procedência do dinheiro eletrônico fica tão indefinida quanto a de uma cédula qualquer — e talvez a maior prova da eficiência da tecnologia seja o apoio do FBI, a polícia federal norte-americana, a leis que controlam a venda de software de criptografia para fora dos Estados Unidos. Sem um encriptador competente, o dinheiro eletrônico pode ser facilmente rastreado. A polêmica surge porque o anonimato do dinheiro não agrada apenas a criminosos: ele também garante um nível de privacidade ao cidadão comum, um direito do qual muitos não estariam dispostos a abrir mão.

Por último, mas não menos importante, desconhece-se o impacto do descontrole da quantidade do dinheiro em circulação nas economias nacionais. Que critérios irão nortear a criação do novo dinheiro? Haverá abuso? Luis Fernando Verissimo foi direto ao ponto ao propor, numa crônica, um cartão que batizou de Credi Credi: seria usado para pagar as contas dos outros cartões de crédito e — a grande sacada — sua fatura poderia ser paga com qualquer cartão. A ideia desse motocontínuo financeiro não passa de uma piada, mas a leniência potencial do mercado é um fato, em que pese o esclarecimento de Verissimo de que o plano, frustrando sua expectativa, não causou entusiasmo geral.

Por enquanto, os bancos centrais não parecem particularmente preocupados com o dinheiro eletrônico pois, ao final das transações, as contas ainda são feitas em dinheiro vivo. Mas um dos economistas mais populares da virada do século, Paul Krugman, não tem a mesma tranquilidade. "Muito economista já começa a vislumbrar um mundo onde o dinheiro vivo será um artigo obsoleto e contas eletrônicas serão compensadas sem nenhum meio de troca oficialmente sancionado", escreveu o professor do MIT (Massachusetts Institute of Technology) em artigo na revista Fortune Americas. Ele pergunta: "Quem controlaria o sistema monetário em tal universo? Quem prestaria socorro quando algo desse errado?". E responde: "No final, acabaremos achando respostas para tais dúvidas. Mas pode ser necessário um punhado de crises feias para o domínio total do método".

Se assim for, superadas as eventuais crises, o dinheiro será, um dia, totalmente virtual. Mas qual dinheiro? De quem? Haverá moedas nacionais? Só as supermoedas sobreviverão? Para reformular a pergunta inicial do filho do senhor Dombey: Papai, o que virá a ser o dinheiro?

Na entrada dos anos 2000, uma tese em voga era a das moedas regionais, que refletissem o peso econômico dos grandes blocos comerciais. Teríamos então o dólar para a área de influência dos Estados Unidos, o euro na Europa e uma moeda forte para o Oriente — o iene japonês ou a moeda da China, o iuan. Haveria lugar possivelmente para mais uma ou outra moeda supranacional, e foi nesse contexto que se chegou a pensar numa moeda única para a região do Mercosul. Tudo é muito remoto. Visões de longo prazo confundem-se com interesses políticos imediatos. O euro é visto sempre como modelo. Mas a moeda da Eurolândia, resultado de um processo de integração de quase meio século, enfrentou dificuldades antes de se firmar, algum tempo após o lançamento das cédulas e moedas em 2002, quando a Europa, pela primeira vez desde o fim do Império Romano, voltou a ter uma moeda dominante.

Na contramão da moeda regional encontra-se a ideia das moedas privadas. A concepção é de Friedrich von Hayek, morto em 1992. Esse economista ultraliberal defendia um sistema em que o dinheiro fosse emitido por bancos particulares. Eles seriam os maiores interessados em manter o valor dos papéis e, portanto, teriam cautela ao emitir e emprestar, ao contrário dos governos, que frequentemente cedem à tentação de abusar da emissão para financiar projetos públicos, o que desvaloriza a moeda e provoca inflação. Além disso, acreditava Hayek, a competição natural entre os bancos se encarregaria de promover pressão de baixa sobre os juros. Mesmo nas hostes liberais poucos levariam a ideia a sério. Entregar o controle do sistema monetário a banqueiros privados é uma proposta lunática o suficiente para não ir, pelo menos por enquanto, além dos limites de um debate acadêmico. Fica, no entanto, o registro — pela curiosidade e por indicar a ampla diversidade de alternativas para o sistema monetário do futuro.

Qual seria o melhor? Krugman responde: "O melhor é aquele que você não nota". Difícil discordar.

Verso & Anverso

*Para fazer fortuna neste
mundo é preciso ser
velhaco, e parecer tolo.*
José Bonifácio de Andrada e Silva

*A honestidade é incompatível
com a acumulação de
uma grande fortuna.*
Mohandas Karamchand Gandhi

*Dinheiro faz dinheiro,
diz o provérbio. Quando se
tem um pouco, em geral é
fácil conseguir mais.
A grande dificuldade é
obter aquele pouco.*
Adam Smith

*Grana é igual a táxi: quando
você mais precisa dele, ele não
aparece, e quando aparece,
alguém já pegou primeiro.*
Marcelo Madureira

*A velha definição: dinheiro
é algo que todos têm e
eu preciso arranjar.*
Theodore Dreiser

*O dinheiro de quem não dá
é o trabalho de quem não tem.*
Vinicius de Moraes e Baden Powell

*Talvez o trabalho ainda seja
o melhor meio de ganhar um
bocadinho de dinheiro; mas
não é com certeza um bom
processo paraganhar e juntar
muito dinheiro. Em geral, nós
só enriquecemos à custa
do trabalho... dos outros.*
Olavo Bilac

Será que o dinheiro traz
felicidade? Quase nunca.
Ele excita a ambição, e a
felicidade não está em
ambicionar mais e
sim em desejar menos.
Roberto Campos

Inventou para
uso dos pobres
(inclusive de espírito) a
imorredoura joia do
pensamento liberal:
"O dinheiro não
traz felicidade".
Millôr Fernandes

O dinheiro compra tudo,
até o amor verdadeiro.
Nelson Rodrigues

Um homem é rico na
proporção do número de coisas
de que ele é capaz de abrir mão.
Henry David Thoreau

A moeda número um do Tio
Patinhas não é minha.
Caetano Veloso

Dinheiro é a felicidade
em abstrato; portanto, os
que não são mais capazes
de ser felizes no concreto se
concentram no dinheiro.
Arthur Schopenhauer

Só o dinheiro é bom
em termos absolutos,
porque não é apenas uma
satisfação concreta de uma
necessidade em particular;
é uma satisfação abstrata
de todos os desejos.
Arthur Schopenhauer

O valor intrínseco de
uma moeda antiga não
consiste de seu metal,
mas de sua erudição.
Joseph Addison

A maior diferença
entre um americano e
um europeu é a diferença
de atitude em relação ao
dinheiro. Nenhum europeu
associa riqueza com mérito
pessoal, ou pobreza
com fracasso pessoal.
W. H. Auden

A pessoa só é rica por
merecimento divino,
por capacidade ou
pelos dois juntos,
que é o meu caso.
Vera Loyola

Há apenas uma classe
que pensa mais em dinheiro do
que a rica: é a pobre. O pobre
não pensa em nada mais.
Essa é a miséria de ser pobre.
Oscar Wilde

Dinheiro é como sexo:
não se pensa em outra
coisa quando não se tem.
James Baldwin

Aquele que busca tesouros
apressa o dia de sua morte.
Talmude

Quem odeia o lucro
prolonga seus dias.
Bíblia

O dinheiro em si é uma
idolatria não só quando amado
mas quando desprezado.
Nilton Bonder

Do seu calmo esconderijo, o ouro
vem, dócil e ingênuo;torna-se pó,
folha, barra,prestígio, poder,
engenho...É tão claro! — e turva
tudo:honra, amor e pensamento.
Cecília Meireles

O encanto do ouro é que
ele adora más notícias.
John Updike

Qualquer que seja a forma
assumida pelo dinheiro, o prazer
de possuí-lo tem sua fonte mais
profunda e plena na coprofilia.
Sandor Ferenczi

Valor é, por assim dizer,
o epígono do preço, e a
afirmação de que eles
precisam ser idênticos
é tautológica.
Georg Simmel

Uma dúzia significa
sempre 12, não significa 15
num dia e 8 no outro.
Mas o valor da unidade
monetária varia.
Leo Huberman

Os valores são variáveis,
mas não caprichosos.
Ferdinando Galiani

Se queres saber o que é dinheiro,
pede algum emprestado.
George Herbert

Todos, mesmo os
mais ricos e os mais
generosos, sentem
menos ao pagar muito
com cheque do que
pouco em espécie.
Max Beerbohm

É melhor viver rico
do que morrer rico.
Samuel Johnson

Morrer rico é sinal de
extrema incompetência.
Significa que você não
usufruiu, ou pelo
menos não usufruiu
todo, o seu dinheiro.
Millôr Fernandes

A avareza tem um corretivo
admirável: é a prodigalidade
dos que herdaram
o dinheiro dos avarentos.
Olavo Bilac

Eu não quero dinheiro.
Só as pessoas que pagam
suas contas querem dinheiro,
e eu nunca pago as minhas.
Oscar Wilde

Uns são tão sovinas,
como se esperassem
viver para sempre; outros
são tão extravagantes,
como se esperassem
morrer imediatamente.
Aristóteles

O que diferencia o homem
dos animais é o dinheiro.
Gertrud Stein

Nunca ninguém viu um
cachorro fazer uma troca justa
e deliberada de um osso por
outro com outro cachorro.
Adam Smith

O uso de impostos como
instrumento de combate
à inflação diminui
imensamente o ardor
anti-inflacionário
dos mais ricos.
John Kenneth Galbraith

O dinheiro ficou muito
mais parecido com Deus:
totalmente abstrato e sem
existência corpórea.
Jack Weatherford

A história do dinheiro
é a história de sua lenta
volatilização. Com o tempo
ele foi ficando cada vez
mais subentendido.
Luis Fernando Verissimo

O dinheiro é um pedaço
importante da nossa
identidade nacional: é a
pátria em papel-moeda.
Gustavo Franco

Uma poderosa ideologia
de nosso tempo é o dinheiro
como instrumento único,
intercambiável e absolutamente
impessoal — a verdadeira
essência da civilização
moderna racional.
Viviana Zelizer

A moeda é uma medida
sensível das mudanças
civis, sociais e morais.
Ralph Waldo Emerson

A cada trimestre o
dinheiro me adverte:
"Por que aqui me deixas
tão inútil e inerte?
Sou os bens e o sexo
que não tiveste jamais.
Seriam teus ainda com
uns cheques mais."
Philip Larkin

O dinheiro é tão bonito.
Tão bonito o maganão!
Tem tanta graça o maldito.
Tem tanto chiste o ladrão!
João de Deus

O dinheiro, que representa a prosa da vida, e do qual raramente se fala na sala de visitas sem um pedido de desculpas, é, em seus efeitos e leis, tão bonito quanto as rosas.
Ralph Waldo Emerson

Falar de dinheiro me deixa envergonhado.
João Ubaldo Ribeiro

O dinheiro é um tipo de poesia.
Wallace Stevens

Assim que fizer seu preço ter relação com a necessidade do outro, você se torna um tipo refinado de ladrão.
Friedrich Nietzsche

O dinheiro dignifica o que, sem remuneração, seria frívolo.
Virginia Woolf

Dinheiro é como esterco, só é bom se espalhado.
Francis Bacon

O dinheiro não traz
venturas, certamente.
Mas dá algum consolo...
E em verdade te digo:
Sempre é melhor chorar
junto à lareira quente
Do que na rua, ao desabrigo.
Mário Quintana

É mais fácil escrever sobre dinheiro do que ganhá-lo.
Voltaire

Dinheiro é a coisa mais importante do mundo.
George Bernard Shaw

Para de falar em dinheiro, cara. Dinheiro é coisa de pobre. Dinheiro é caca. Esqueceste seu freudizinho?
Ivan Lessa

Apêndice: Entregando o Ouro

A opção de evitar notas de rodapé na esperança de obter maior fluência do texto, embora defensável num trabalho sem pretensões acadêmicas, tem o seu preço: deixa o autor com enorme débito intelectual. É verdade que muitas das informações históricas e interpretações aqui registradas são praticamente consensuais, o que torna desnecessária a atribuição a fontes; quando não era esse o caso, procurei dar o devido crédito aos autores ao longo do livro. Ainda assim, é preciso reconhecer a dívida. Neste apêndice procuro diminuí-la um pouco ao comentar rapidamente alguns dos principais livros usados, o que, espero, possa também servir de guia aos que quiserem se aprofundar na extensa literatura sobre dinheiro.

O livro que me despertou o interesse para a história do dinheiro foi *Moeda: de Onde Veio, para Onde Foi*, de John Kenneth Galbraith, que li em 1997 para uma resenha na *Folha* por ocasião do lançamento de uma edição atualizada. Escrevi: "Galbraith definitivamente despreza o exercício da autoridade monetária. Para ele, o que esses tecnocratas (administradores do dinheiro) precisam para se dar bem é de 'um caráter conformista, um bom alfaiate e a capacidade de articular o clichê financeiro' ". A frase é uma amostra da retórica estimulante de Galbraith. É pena que o livro seja lido principalmente por estudantes de economia, porque Galbraith escreve também para o público leigo. Grande parte do livro é dedicada à política monetária dos Estados Unidos, contada do ponto de vista de quem acredita que a moeda deve ser usada para promover o crescimento. Aos que quiserem evitar maiores detalhes, uma versão condensada do livro foi feita pelo autor em dois capítulos (o 6 e o 7) de *A Era da Incerteza*, trabalho de divulgação de Galbraith.

No extremo oposto, encontra-se o monetarista Milton Friedman, que no livro *Money Mischief* cobre os mesmos assuntos que Galbraith. Fazer a leitura cruzada dos dois autores é assistir a um debate elegante e informado. Friedman também escreve bem. Contrabalança o uso do jargão com histórias pitorescas, algumas tiradas da própria experiência, como a do uso do cigarro como dinheiro na Alemanha do pós-guerra. Lá — descobriu na prática — os cigarros valiam muito mais do que nos EUA, pois não eram para fumar, mas para fazer negócios.

The Philosophy of Money (tradução do alemão *Philosophie des Geldes*), de Georg Simmel, é um livro praticamente ignorado no Brasil, apesar da importância. Escrito no início do século 20, exerceu forte influência sobre pensadores europeus. Para citar dois nomes mais conhecidos: Georg Lukács, que se aproximou do marxismo por intermédio de Simmel, e Walter Benjamin, que o considerava um clássico. É um trabalho de filósofo, não de economista; tão denso quanto instigante. O leitor persistente é recompensado.

O interesse da humanidade pela história da moeda é antigo. *Da Moeda*, de Ferdinando Galiani, que data de 1751, foi traduzido para o português em 2000. Essa defasagem de dois séculos e meio tem seu peso, mas em muitos aspectos o livro resistiu ao tempo e, nesse sentido, não deixa de ser um clássico. O livro é contemporâneo de *A Riqueza das Nações*, de Adam Smith, este sim um clássico em todos os sentidos. Estará perdendo o leitor que, descontente com os rumos da economia, se afastar de Smith por conta de sua recente revalorização pela corrente neoliberal.

Há muitos livros modernos sobre dinheiro. Em *A História do Dinheiro*, de Jack Weatherford, temos o enfoque de um antropólogo cultural; de todos os disponíveis, é o menos técnico. *A History of Money From AD 800*, de John Chown, concentra-se na moeda a partir de meados da Idade Média e interrompe a história na primeira metade do século 20. Um dos mais abrangentes, como deixa claro o próprio título, é *A History of Money — From Ancient Times to Present Day*, de Glyn Davies. São mais de 700 páginas em que o autor, da Universidade do País de Gales, dá especial atenção à história da moeda britânica, sem prejudicar a visão geral. *The Oxford Book of Money*, do jornalista Kevin Jackson, é uma antologia da literatura sobre dinheiro. Os trechos são agrupados por tema, mas não há contextualização; funciona bem como um alentado livro de citações em que, em vez de apenas frases isoladas, são transcritos parágrafos e poemas inteiros.

A história do dinheiro no Brasil é menos explorada. O livro *Dinheiro no Brasil*, de Santos Trigueiros, vai do período colonial ao cruzado, com um enfoque que privilegia a numismática, o que é natural, levando-se em conta a formação do autor, que em 1966 chegou a ser delegado do Banco Central com a missão de acompanhar, na Itália, a confecção de matrizes de cédulas brasileiras.

O dinheiro no Brasil do ponto de vista de política monetária gerou uma literatura que reflete uma das duas escolas: é metalista ou papelista. Entre os primeiros, destaca-se *A Política Monetária do Brasil*, de João Pandiá Calógeras, ministro da Fazenda em 1916. O texto, de 1910, foi originalmente escrito em francês. Na mesma linha, temos *A Anarquia Monetária e Suas Consequências*, de Carlos Inglêz de Souza, que indica no título a tese do livro, de 1924. Diz ele, referindo-se à moeda sem lastro: "Expulsemos de vez do nosso Brasil o terrível cancro do curso forçado". Na outra ponta, um livro que cobre com competência toda a história da moeda brasileira até 1981 (a segunda edição) é *História Monetária do Brasil*, de Carlos Manuel Peláez e Wilson Suzigan.

A *Face Legal do Dinheiro*, de Letácio Jansen, é um trabalho erudito, que traça a origem do sistema monetário brasileiro a partir da Idade Média em Portugal. O livro, como sugere o título, é de interesse restrito por tratar principalmente dos aspectos legais do dinheiro.

Bibliografia

ACKROYD, Peter. *T. S. Eliot*. Cardinal, 1989.

ALCÂNTARA MACHADO, António. *Brás, Bexiga e Barra Funda*. Imago Editora, 1997.

ALENCASTRO, Luiz Felipe de. *O Trato dos Viventes — Formação do Brasil no Atlântico Sul*. Companhia das Letras, 2000.

ALIGHIERI, Dante. *A Divina Comédia*. Tradução: José Pedro Xavier Pinheiro. Edições Leia, 1946.

ANDRADA E SILVA, José Bonifácio de. *Projetos para o Brasil*. Publifolha, sob licença de Companhia das Letras, 2000.

ANDRADE, Oswald de. *Serafim Ponte Grande*. Global Editora, 1984.

ARISTÓFANES. *Pluto (A Riqueza)*. Tradução: Américo da Costa Ramalho. Editora Universidade de Brasília, 1999.

ARISTÓTELES. *Ética a Nicômaco*. Tradução: Mário da Gama Kury. Editora Universidade de Brasília, 1985.

ASIMOV, ISAAC. *Foundation and Empire*. Bantam Books, 1991.

ASSIS, Joaquim Maria Machado de. *Obra Completa*. Editora Nova Aguilar, 1994.

BARBOSA, Ruy. *Escritos e Discursos Seletos*. Editora Nova Aguilar, 1997.

BARRETO, Lima. *A Nova Califórnia. Os Cem Melhores Contos do Brasil* (seleção: Italo Mariconi). Editora Objetiva, 2000.

BILAC, Olavo. *Obra Reunida*. Editora Nova Aguilar, 1997.

BINSWANGER, Hans Christoph. *Money and Magic — A Critique of the Modern Economy in the Light of Goethe's Faust*. Tradução: J. E. Harrison. The University of Chicago Press, 1994.

BLANCHARD, Olivier. *Macroeconomia — Teoria e Política Econômica*. Tradução: Ricardo Inojosa. Editora Campus, 1999.

BLOOM, Harold. *Shakespeare — The Invention of the Human.* Riverhead Books, 1998.

BONDER, Nilton. *A Cabala do Dinheiro.* Imago Editora, 1991.

BOTTOMORE, Tom (editor). *A Dictionary of Marxist Thought.* Basil Blackwell, 1988.

BRAUDEL, Fernand. *Reflexões sobre a História.* Tradução: Eduardo Brandão. Martins Fontes, 1992.

BUCHAN, James. *Frozen Desire — The Meaning of Money.* Farrar Straus Giroux, 1997.

CABRAL DE MELLO, Evaldo. *O Negócio do Brasil — Portugal, os Países Baixos e o Nordeste, 1641-1669.* Topbooks, 1998.

CALDEIRA, Jorge (organizador). *Diogo Antônio Feijó.* Editora 34, 1999.

CALDEIRA, Jorge. *Mauá — Empresário do Império.* Companhia das Letras, 1995.

CALÓGERAS, J. Pandiá. *A Política Monetária do Brasil.* Tradução: Thomaz Newlands Neto. Companhia Editora Nacional, 1960.

CAMPOS, Haroldo de. *Deus e o Diabo no Fausto de Goethe.* Editora Perspectiva, 1981.

CAMPOS, Roberto. *A Lanterna na Popa — Memórias.* Topbooks, 1994.

CANETTI, Elias. *Massa e Poder.* Tradução: Sérgio Tellaroli. Companhia das Letras, 1995.

CANETTI, Elias. *Uma Luz em Meu Ouvido — História de uma Vida / 1921-1931.* Tradução: Kurt Jahn. Companhia das Letras, 1989.

CASCUDO, Luís da Câmara. *História dos Nossos Gestos.* Editora Itatiaia, 1987.

CHAVES, Wilson; Almeida, Lúcia Machado de; Sant'Anna, Affonso Romano de; Xavier, Rui. *Ouro — Sua História, Seus Encantos, Seu Valor.* Salamandra Consultoria Editorial, 1997.

CHOWN, John F.. *A History of Money — From AD 800.* Routledge and the Institute for Economic Affairs, 1994.

COIMBRA, Álvaro da Veiga. *Noções de Numismática.* Coleção da Revista de História. 4 volumes, 1957.

CRIBB, Joe. *Dinheiro — Aventura Visual.* Tradução: Gabriel Tranjan Neto. Editora Globo, 1990.

DAMATTA, Roberto. *Conta de Mentiroso — Sete Ensaios de Antropologia Brasileira.* Rocco, 1994.

DASH, Mike. *Tulipomania — The Story of the World's Most Coveted Flower and the Extraordinary Passions It Aroused.* Crown Publishers. Random House, 1999.

DAVIES, Glyn. *A History of Money — From Ancient Times to the Present Day*. University of Wales Press, 1997.

DAVIES, Paul. *The Penguin Dickens Companion — The Essential Reference to His Life and Works*. Penguin Books, 1999.

DAWSON, Frank Griffith. *A Primeira Crise da Dívida Latino-Americana — A City de Londres e a Bolha Especulativa de 1822-25*. Tradução: Irene Hirsch. Editora 34, 1998.

DICK, Philip K. *Do Androids Dream of Electric Sheep*. Ballantine Books. Random House, 1982.

DICKENS, Charles. *Dombey and Son*. Wordsworth Editions, 1995.

DISCOVER — *The World of Science. The Root of the Root of All Civilization*. Outubro de 1998.

DODD, Nigel. *A Sociologia do Dinheiro*. Tradução: Waldivia Marchiori Portinho. Editora Fundação Getúlio Vargas, 1997.

DREIFUS, Henry e Monk, J. Thomas. *Smart Cards — A Guide to Building and Managing Smart Card Applications*. John Wiley & Sons, 1998.

EMERSON, Ralph Waldo. *The Selected Writings of Ralph Waldo Emerson* (editado por Brooks Atkinson). The Modern Library. Random House, 1992. Encyclopaedia Britannica — 15ª edição.

FAORO, Raymundo. *Os Donos do Poder — Formação do Patronato Político Brasileiro*. Editora Globo, 1957.

FAUSTO, Boris. *História do Brasil*. Editora da Universidade de São Paulo, 1994.

FERNANDES, Millôr. *Livro Vermelho dos Pensamentos de Millôr*. Nórdica, 1974.

FEYNMAN, Richard P. *Física em Seis Lições*. Tradução: Ivo Korytowski. Ediouro Publicações, 1999.

FRANCO, Gustavo H.B. *A Década Republicana — O Brasil e a Economia Internacional — 1888/1900*. Ipea, 1991.

FRIEDMAN, Milton. Money Mischief — *Episodes in Monetary History*. Harcourt Brace & Company, 1994.

GALBRAITH, John Kenneth. *A Era da Incerteza*. Tradução: F. R. Nickelsen Pellegrini. Livraria Pioneira Editora, 1991.

GALBRAITH, John Kenneth. *Moeda: de Onde Veio, Para Onde Foi*. Tradução: Antonio Zoratto Sanvicente. Editora Pioneira, 1997.

GALBRAITH, John Kenneth. *The Great Crash — 1929*. Penguin Books, 1975.

GALIANI, Ferdinando. *Da Moeda* (1751). Tradução: Marzia Terenzi Vicentini. Segesta Editora e Musa Editora, 2000.

GAY, Peter. *Freud — Uma Vida para o Nosso Tempo*. Tradução: Denise Bottmann. Companhia das Letras, 1999.

GLEDSON, John. *Machado de Assis — Ficção e História*. Tradução: Sônia Coutinho. Paz e Terra, 1986.

GOETHE, Johann Wolfgang von. *Fausto*. Tradução: Jenny Klabin Segall. Editora Itatiaia, 1997.

HANSEN, João Adolfo. *A Sátira e o Engenho — Gregório de Matos e a Bahia do Século XVII*. Companhia das Letras, 1989.

HAWKING, Stephen W. *A Brief History of Time — From the Big Bang to the Black Holes*. Bantam Press, 1988.

HEILBRONER, Robert. *A História do Pensamento Econômico*. Tradução: Therezinha M. Deutsch e Sylvio Deutsch. Nova Cultural, 1992.

HEISENBERG, Werner. *Física e Filosofia*. Tradução: Jorge Leal Ferreira. Editora Universidade de Brasília, 1999.

HELIODORA, Barbara. *Falando de Shakespeare*. Editora Perspectiva, 1997.

HENDRICKSON, Robert. *The Wordsworth Book of Literary Anecdotes*. Wordsworth Editions, 1997.

HERKENHOFF, Paulo (organizador). *O Brasil e os Holandeses — 1630-1654*. GMT Editores, 1999.

HERÔDOTOS. *História*. Tradução: Mário da Gama Kury. Editora Universidade de Brasília, 1985.

HILLBRECHT, Ronald. *Economia Monetária*. Editora Atlas, 1999.

HOBSBAWM, Eric. *Era dos Extremos — O Breve Século XX, 1914-1991*. Tradução: Marcos Santarrita. Companhia das Letras, 1998.

HOMERO. *A Ilíada*. Tradução: Carlos Alberto Nunes (em versos) e Fernando C. de Araújo Gomes (em prosa). Ediouro, 1996 e 1999.

HONDERICH, Ted (editor). *The Oxford Companion to Philosophy*. Oxford University Press, 1995.

HUBERMAN, Leo. *História da Riqueza do Homem*. Tradução: Waltensir Dutra. Zahar Editores, 1976.

HUMES, James C. *The Wit & Wisdom of Benjamin Franklin — A Treasury of More than 900 Quotations and Anecdotes*. Harper Perennial, 1996.

HFRAH, Georges. *História Universal dos Algarismos*. Tradução: Alberto Muñoz e Ana Beatriz Katinsky. Editora Nova Fronteira, 1997.

JACKSON, Kevin. *The Oxford Book of Money*. Oxford University Press, 1996.

JANSEN, Letácio. *A Face Legal do Dinheiro*. Renovar, 1991.

KURY, Mário da Gama. *Dicionário de Mitologia Grega e Romana*. Jorge Zahar Editor, 1999.

LACERDA, Lu. *Tudo que Eu já Fiz por Dinheiro — 94 Personalidades Revelam o Preço que Pagam por Ele*. Editora Objetiva, 1997.

LAFARGUE, Paul. *O Direito à Preguiça*. Tradução: Teixeira Coelho. Editora Hucitec, 1999.

LARKIN, Philip. *Collected Poems*. Faber and Faber, 1988.

LEMINSKI, Paulo. *Vida — Cruz e Souza, Bashô, Jesus e Trótski*. Editora Sulina, 1998.

LIMA, Jeremias Ferraz. *Psicanálise do Dinheiro*. Mauad, 1996.

LOPES, João do Carmo e Rossetti, José Paschoal. *Economia Monetária*. Editora Atlas, 1998.

LYNCH, Daniel C. e Lundquist, Leslie. *Dinheiro Digital — O Comércio Eletrônico na Internet*. Editora Campus, 1996.

MANN, Thomas. *Joseph and His Brothers*. Tradução: H. T. Lowe-Porter. Vintage, 1999.

MARTIN, Pierre. *Dinheiro e Psicanálise*. Tradução: Dulce Duque Estrada. Livraria e Editora Revinter, 1997.

MARTINS, Wilson. *História da Inteligência Brasileira. Volume I (1550 — 1794)*. T. A Queiroz, Editor, 1992.

MARX, Karl. *Early Writings*. Tradução: Rodney Livingstone e Gregor Benton. Penguin Books, 1992.

MARX, Karl. *O Capital*. Tradução: Regis Barbosa e Flávio R. Kothe. Abril Cultural, 1983.

MATOS, Gregório de. *Crônica do Viver Baiano Seiscentista — Obra Poética Completa — Códice James Amado*. Editora Record, 1999.

MAXWELL, Kenneth. *Chocolate, Piratas e Outros Malandros — Ensaios Tropicais*. Paz e Terra, 1999.

MAXWELL, Kenneth. *Marquês de Pombal — Paradoxo do Iluminismo*. Tradução: Antônio de Pádua Danesi. Paz e Terra, 1997.

MÉCHOULAN, Henry. *Dinheiro & Liberdade — Amsterdam no Tempo de Spinoza*. Tradução: Lucy Magalhães. Jorge Zahar Editor, 1992.

MILLER, Arthur. *The American Clock*. Grove Press, 1982.

MISHKIN, Frederic S. *Moedas, Bancos e Mercados Financeiros*. Tradução: Christine Pinto Ferreira Studart. LTC — Livros Técnicos e Científicos Editora, 2000.

MORGAN, E. Victor. *A History of Money*. Penguin Books.

MOURA, Carlos Eugênio Marcondes de (organizador). *Vida Cotidiana em São Paulo no Século XIX*. Ateliê Editorial, 1999.

NABUCO, Joaquim. *Um Estadista do Império*. Topbooks, 1997.

OLIVEIRA, Waldir Freitas. *História de um Banco — O Banco Econômico*. Museu Eugênio Teixeira Leal, 1993.

PELÁEZ, Carlos Manuel e Suzigan, Wilson. *História Monetária do Brasil*. 1981.

PESSOA, Fernando. *Livro do Desassossego, por Bernardo Soares*. Seleção: Leyla Perrone-Moisés. Editora Brasiliense, 1986.

PEYREFITTE, Alain. *A Sociedade da Confiança — Ensaio sobre as Origens e a Natureza do Desenvolvimento*. Topbooks, 1999.

PINKER, Steven. *Como a Mente Funciona*. Tradução: Laura Teixeira Motta. Companhia das Letras, 1998.

POLO, MARCO. *As Viagens "Il Milione"*. Editora Martin Claret, 1999.

POUND, Ezra. *Poesia*. Traduções: Augusto e Haroldo de Campos, Décio Pignatari, José Lino Grunewald e Mário Faustino. Editora Universidade de Brasília e Hucitec, 1993.

RAMOS, Graciliano. *Angústia*. Editora Record, 1996.

ROSS, Ian Simpson. *Adam Smith — Uma Biografia*. Tradução: Helena Londres. Editora Record, 1999.

RUSSO, Arnaldo. *Livro das Moedas do Brasil*. Edição do autor, 1984.

SANTOS, Beatriz Catão Cruz. *O Pináculo do Temp(l)o — O Sermão do Padre Antônio Vieira e o Maranhão do Século XVII*. Editora Universidade de Brasília, 1997.

SCHAMA, Simon. *O Desconforto da Riqueza — A Cultura Holandesa na Época de Ouro*. Tradução: Hildegard Feist. Companhia das Letras, 1992.

SCHULZ, John. *A Crise Financeira da Abolição*. Tradução: Afonso Nunes Lopes. Edusp e Instituto Fernand Braudel, 1996.

SHAKESPEARE, William. *The Complete Works of William Shakespeare*. Atlantis, 1980.

SHELL, Marc. *Art & Money*. The University of Chicago Press, 1995.

SIMMEL, Georg. *The Philosophy of Money*. Tradução: Tom Bottomore e David Frisby. Routledge and Kegan Paul, 1978.

SMITH, Adam. *A Riqueza das Nações — Investigação sobre Sua Natureza e Suas Causas*. Tradução: Luiz João Baraúna. Nova Cultural, 1985

SOLOMON, Elinor Harris. *Virtual Money — Understanding the Power and Risks of Money's High-Speed Journey into Electronic Space*. Oxford University Press, 1997.

SOUZA, Carlos Inglêz de. *A Anarquia Monetária e Suas Consequências*. Monteiro Lobato & Cia. Editores, 1924.

STAFFORD-CLARK, David. *What Freud Really Said*. Penguin Books, 1992.

STONE, I.F. *O Julgamento de Sócrates*. Tradução: Paulo Henriques Britto. Companhia das Letras, 1996.

TAUNAY, Visconde de. *O Encilhamento — Cenas Contemporâneas da Bolsa em 1890, 1891 e 1892*. Companhia Melhoramentos de S. Paulo, 1893.

TRIGUEIROS, F. dos Santos. *Dinheiro no Brasil*. Léo Christiano Editorial, 1986.

TURNER, Frederick. *Sheakespeare's Twenty-First Century Economics — The Morality of Love and Money*. Oxford University Press, 1999.

VARELLA, Drauzio. *Estação Carandiru*. Companhia das Letras, 1999.

XENOFONTE. *Econômico*. Tradução: Anna Lia A. de Almeida Prado. Martins Fontes, 1999.

WEATHERFORD, Jack. *A História do Dinheiro — Do Arenito ao Cyberspace*. Tradução: June Camargo. Negócio Editora, 1999.

WHITROW, G.J. *O Tempo na História*. Jorge Zahar Editor, 1993.

WILLIAMS, Jonathan (editor). *Money — A History*. British Museum Press, 1997.

YOURCENAR, Marguerite. *Memórias de Adriano*. Tradução: Martha Calderaro. Editora Nova Fronteira, 1980.

ZELIZER, Viviana. *The Social Meaning of Money — Pin Money, Paychecks, Poor Relief, and Other Currencies*. Princeton University Press, 1997.

Este livro foi composto nas fontes Minion e
Din e impresso pela gráfica Cromosete em março
de 2009 sobre papel Chamois Fine Dunas 75g/m².